法学学习方法丛书

民法学习方法九讲

程啸 著

中国人民大学出版社
· 北京 ·

作者简介

程啸，男，江西人，法学博士、清华大学法学院教授、博士研究生导师、法学院副院长。入选2017年度教育部"长江学者奖励计划"青年学者，荣获德国联邦总理奖、第九届全国杰出青年法学家提名奖。兼任云南省委法律顾问、最高人民法院执行特邀咨询专家、最高人民检察院民事行政诉讼监督案件专家委员会委员、中国消费者协会专家委员会专家、中国法学会法学教育研究会常务理事、中国法学会立法学研究会常务理事、中国银行间市场交易商协会第三届法律专业委员会副主任委员、北京市法学会不动产法研究会副会长等。

主要研究领域为侵权法、人格权法、个人信息保护法、物权法、担保法等，先后参与《侵权责任法》《民法典》《个人信息保护法》等法律法规的起草论证工作。在《中国社会科学》《中国法学》《法学研究》等学术期刊发表论文一百余篇，在《人民日报》《光明日报》《法治日报》等报纸发表文章数十篇；出版《人格权研究》《个人信息保护法理解与适用》《侵权责任法》《担保物权研究》《不动产登记法研究》《保证合同研究》等独著十余部；出版《民法学》、《民法总论》、《物权法》、《中国民法典释评》（人格权编）、《最高人民法院新担保司法解释理解与适用》等合著七部。

前　言

　　1993年9月，笔者考入中国青年政治学院法律系，成为该系的首届学生，自此开始了法律学习之路。时光飞逝，转眼已过去近30年。在人生约三分之一的时间里，前十年做学生，四年本科、三年硕士、三年博士；后二十年当老师，从讲师到副教授，再到正教授。在当老师的二十年里，总共教过多少位本科同学，已记不清。但是，有赖于学校的网络信息系统，笔者所指导过的研究生的人数，十分清楚。从2006年12月晋升副教授，开始指导硕士研究生，到写这篇前言时为止，在十六年里笔者一共指导了133名硕士研究生、9名博士研究生。无论给本科生、研究生讲课，还是和自己指导的学生一起开读书会、做课题，大家最常问的一些问题就是：怎样才能学好民法？如何分析民法案例？毕业论文如何选题？怎么写民法的学术论文？等等。

　　二十多年前笔者在中国人民大学法学院读民商法专业硕士研究生时，也曾有过相同的疑惑。可惜，当时的中国人民大学法学院没有开设这方面的课程和讲座来为学生答疑解惑，市面上也找不到讲授民法学习方法的书籍。百思而无法求解，笔者只能冒昧写信给谢怀栻先生，信中提了不少问题，希望能够得到指点。谢老收信后，专门打电话给我，约我去他在西直门的家中谈一谈。于是，我和杨明宇、肖啤明等几位师弟一起去先生家中，还带着录音笔，将老人家的谈话录了下来。回来后，我们根据录音整理出了一个稿子，叫作《民法学习当中的方法问题》，并经谢怀栻先生的同意，刊登在中国民商法律网。到现在，这篇讲稿还不时在各种微信公众号上被转载。

可惜，直到今天，如何学习民法的问题还是没有真正地解决。很多同学依旧不知道要看什么书，怎么分析案例，如何读法条，选择何种题目来写论文，甚至连最基本的论文注释要求都不知道。造成这种现状的原因，当然是多方面的。各个法律院系到现在依然很少或者根本就没有对学生进行过案例分析、文献综述、论文写作等方面的专门训练，这是原因之一。好的导师会给自己的学生解答一些疑惑，大部分的导师可能没有功夫回答这些问题。由于教学科研和社会活动事务繁多，一些原本很有心得的教授恐怕也没时间将之系统地整理并写成书。所以，学习民法的同学们年复一年地要向老师们发问，如何学习民法、怎样分析案例、论文写什么题目，等等。

令人欣喜的是，近年来陆续出版了一些讲解法学学习方法的好书，如梁慧星教授的《法学学位论文写作方法》、何海波教授的《法学论文写作》、郑永流教授的《法学野渡》、周光权教授的《刑法学习定律》等，受到广大读者的欢迎！国外的一些法学研究入门指导的书籍也陆续翻译出版，例如，日本著名民法学者大村敦志等人合著的《民法研究指引：专业论文撰写必携》一书，被周江洪教授等人翻译出版；李昊教授主持翻译的"法律人进阶译丛（法学启蒙）"更是系统地引入了介绍德国法学学习方法的著作，如托马斯·默勒斯教授的《法律研习的方法：作业、考试和论文写作》、芭芭拉·朗格的《如何高效学习法律》、罗兰德·史梅尔教授的《如何解答法律题：解题三段论、正确的表达和格式》等。遗憾的是，尚无国内学者撰写民法学习方法的著作。

一直以来，笔者就想结合自己在民法教学科研与指导学生过程中的认识和体会，撰写一本系统介绍民法学习方法的小书，目的就是为学习民法的同学们和社会人士提供力所能及的帮助。故此，笔者平时很注意了解并收集本科、硕士和博士等不同阶段的同学在学习民法（乃至学习法律）中遇到的各种问题；同时，也有针对性地写过一些关于如何选题、如何进行文献综述、怎样做案例分析等的文章，并在小范围内给学生举办过如何写民法论文的讲座。随着时间的流逝，这些文章、讲座的讲稿渐渐积累起来，也差不多十几万字，够出版一本小书了。今年春天，笔者与中国人民大学出版社法律分社郭虹社长谈起此事，她认为这是一件惠泽法律学子的大好事，当即表示支持，并很快寄来了出版合同。于是，笔者在教学科研和行政工作之余，将以往的素材进行系统归纳整理，并增补相关部分，最终形成了本书。

美国著名社会学家赖特·米尔斯（Charles Wright Mills）说："进行写作，就是提出了一个要求被阅读的请求，但是由谁来读呢？"笔者设想，本书的读者是所有正在学习民法的人士，他们可能是大学法律院系初次接触民法的本科生，也可能是民商法专业的研究生，或者是准备深入学习、研究民商事法律的法官、律师等法律实践者。总之，只要是想学习或正在学习民法的人，都是本书被阅读的请求对象。

笔者不敢贸然将本书所介绍的学习方法称为公理或定律，但是，如果阅读本书的读者能切实按照书中所介绍的方法加以实践，持之以恒、坚持不懈、久久为功，相信必然会取得一定的收获！倘若还能因此使读者从民法的门外汉变为知之者，继而成为好之者，最终做到以学习、研究民法为乐，则笔者幸莫大焉！

目 录

第一讲　为什么要学习民法

1.1　民法使人懂得既要保护自己的也要尊重他人的权利与自由　　5
1.2　学会以民法来规划和指导生活和工作　　12
1.3　民法蕴含的人生哲理与智慧使人终身受益　　16
1.4　奠定学好其他法律部门的坚实基础　　19
1.5　推荐阅读材料　　21

第二讲　现代法律体系中的民法

2.1　民法是私法的基本法　　24
2.2　民事实体法与程序法　　31
2.3　民法与宪法　　34
2.4　民法与刑法　　35
2.5　民法与其他新兴法律部门　　38
2.6　推荐阅读材料　　39

第三讲　民法的体系与全貌

　　3.1　以民事法律关系为主线来认识民法体系　　44
　　3.2　通过民事权利体系认识民法的全貌　　50
　　3.3　推荐阅读材料　　60

第四讲　民法的课程与教科书

　　4.1　民法课程的设置　　62
　　4.2　民法的教科书　　64
　　4.3　民法总论　　74
　　4.4　物权法　　77
　　4.5　合同法　　83
　　4.6　人格权法　　87
　　4.7　婚姻家庭法与继承法　　89
　　4.8　侵权责任法　　90
　　4.9　深入阅读书单　　93

第五讲　学习民法的基本方法

　　5.1　掌握基本概念与理论　　106
　　5.2　认认真真读法条　　121
　　5.3　多读案例与判决　　142
　　5.4　掌握民法方法论　　158
　　5.5　多交流与多写作　　159
　　5.6　推荐阅读材料　　160

第六讲　怎样分析民法案例

6.1	民法案例分析的步骤	169
6.2	请求权基础分析法	177
6.3	请求权基础分析法示例	184
6.4	试着撰写判例评析	199
6.5	推荐阅读材料	202

第七讲　学会做民法文献综述

7.1	文献综述的意义	208
7.2	文献综述的步骤	211
7.3	推荐阅读材料	232

第八讲　民法论文的写作

8.1	为什么要写论文	236
8.2	找到一个好题目	241
8.3	撰写开题报告	255
8.4	论文的体系结构	256
8.5	文章的论证	262
8.6	文章的形式问题	270
8.7	修改完善	275
8.8	推荐阅读材料	276

第九讲　民法人的素养

9.1　掌握语言的能力	280
9.2　具有批判性思维	283
9.3　开阔的国际视野	289
9.4　宽广的知识基础	291
9.5　推荐阅读材料	295
后　记	298

第一讲

为什么要学习民法

民法就是调整法律地位平等的民事主体之间的人身关系和财产关系的法律。民法奉行的是平等、公平、意思自治、诚实信用等基本原则，尊重并允许民事主体自主地规划未来，依自己的意思创设法律关系，享有权利、履行义务，最终实现相应的目标。倘若在一个社会里，人与人的法律地位是不平等的，一方可以命令、强迫或压制另一方，双方不能进行平等的协商，达成合意，或者即便订立了契约，一方也可以任意毁约，而不用承担什么法律后果，那么，就不存在真正意义上的民法。英国著名法学家梅因爵士认为："大体而论，所有已知的古代法的收集都有一个共同的特点使它们和成熟的法律学制度显然不同。最显著的差别在于刑法和民法所占的比重。""法典愈古老，刑法就愈详细、愈完备，而由人法、财产和继承法以及契约法所组成的民法就愈缩小到更狭小的范围之内。"① 为什么会出现这种现象，梅因给出的解释是：当父权在家庭关系中占据统治地位，而一切身份形式都从属于父权的话，妻子对丈夫、子女对父亲自然不存在任何权利可言，被监护人对于作为其监护人的宗亲也没有任何权利，故此，人法没有存在的空间；土地和财物是在家族内部授予和接受，并且如果真的要分配，也只是在家族的范围内分配，显然法律中有关财产和继承的规定绝不会很多；然而，这些还不是最重要的，在古代民法中，最大的缺口就是缺少契约所致。在考察各国民事法律的历史后，梅因得出一个结论，即"所有进步社会的运动，

---

① ［英］梅因：《古代法》，沈景一译，商务印书馆1995年版，第207页。

到此处为止，是一个'从身份到契约'的运动"①。

年轻时的亨利·萨姆纳·梅因
(Henry Sumner Maine, 1822—1888)

梅因《古代法》中译本

现代社会的人们越来越追求自由与平等，因此，以平等、意思自治为基本原则的民法也越来越广泛地调整社会生活，在现代法律体系中占据极为重要的地位。美国法学家劳伦斯·弗里德曼说："二十世纪是'法律爆炸'的世纪。法律制度的规模以令人不可思议的速度成长。"② 现代社会的法律越来越多，除了民法、宪法、刑法、诉讼法等传统的法律部门外，还陆续出现了劳动法、经济法、环境保护法、社会保障法、知识产权法等新的法律部门。进入21世纪后，网络信息科技的高速发展促使了网络法、数据法、个人信息保护法、人工智能法等新的法律部门的形成。无论是民法等传统的法律部门，还是个人信息保护法等新兴的法

---

① [英] 梅因：《古代法》，第97页。
② [美] 劳伦斯·弗里德曼：《二十世纪美国法律史》，周大伟等译，北京大学出版社2016年版，第7页。

律部门，它们都各有特点和魅力，选择学习研究某个法律部门完全由个人兴趣决定。毕竟，只有能够使我们感觉更好的东西，才值得学习。先贤孔子曾言："知之者不如好之者，好之者不如乐之者。"一个人只有从学习中真正得到快乐，才可以做到发愤忘食，乐以忘忧，不知老之将至！

三十年前笔者读本科时，最感兴趣的就是两门法律课——刑法与民法。讲刑法课的老师是周振想教授，民法课则由姚辉教授讲授。虽然刑法中诸如构成要件、既遂与未遂、想象竞合与法条竞合、共同犯罪、正当防卫等概念、规则和理论，让我深感刑法处理问题之复杂，理论之精深，但是，比较而言，笔者仍然更喜欢民法。这里要排除老师授课水平差异的因素，因为周老师和姚老师无论是专业水平还是授课技能都同样得高。确切地说，是民法的魅力吸引了我，使我爱上民法，选择了学习、研究民法的人生之路。

时隔几十年，到现在笔者还记得，在学习刑法的过程中，感受最强烈的是国家机器之强大、威严与不可侵犯，而学习民法过程中，深深体会到的是对个体权利和自由的尊重与保护。无论是平等、自愿、诚信等民法原则，还是意思表示、民事法律行为、物权变动、善意取得、侵权行为、损害赔偿等基本概念，无一不透着对个人自由的认可，对民事权益的充分尊重和严格保护。因此，笔者最终决定本科毕业后报考人大法学院的民商法硕士研究生。

总之，依笔者之浅见，民法有以下几个方面的魅力。

第一讲 | 为什么要学习民法

1.1 民法使人懂得既要保护自己的也要尊重他人的权利与自由

民法调整的是平等的民事主体（自然人、法人和非法人组织）之间的人身关系和财产关系。在民事法律关系中，各类主体，不论性别、年龄、民族、种族、身份地位、富裕程度等是否存在差别，他们的法律地位都是平等的。作为平等的主体，他们无论是订立合同、设立公司还是捐赠财产，抑或从事其他民事法律行为，都应当是自愿的，即出于真实自愿的意思，而非被人欺诈、胁迫所为。无论是亲朋好友还是同事领导，无论是出于多么美好的动机和目的，他们都不能强迫一个人违背其自由意志而行为。人们应当按照自己的意思来设立、变更、终止民事法律关系、参与民事活动。这就是我国《民法典》第5条规定的自愿原则。举例可以更加清楚地加以说明。例如，老张去他的邻居老王家做客，看见老王有一块很漂亮的玉石。老张想要得到它。此时，他有两种方法可能可以实现这一目的。一是厚着脸皮请求老王送给他，不过，这个成功的可能性显然是不大的，毕竟他们只是普通邻居，没啥交情。二是掏钱买它。这种方法有可能成功，尤其是出价足够高的情况下。但无论如何，必须得到老王的同意。不论出于何种原因，只要老王不想卖给老张，那么，即便老张的出价再高，双方也无法就玉石的买卖达成合意即意思表示的一致。这个时候，包括老张在内的任何人都不能采取欺骗、胁迫的手段来使老王将玉石赠送或出卖给老张，更不能深更半夜去老王家里偷窃或者直接从老王那里抢劫走。如果老张通过欺诈、胁迫的方式与老王订立了买卖合同，依据民法典的规定，该买卖合同也是可撤销的合同。至于偷窃和抢劫行为，就不仅是单纯的民事侵权问题了，还涉及盗窃罪、抢劫罪等刑法问题。

民法是把人当做人而非物，是当做主体而非客体来看待的，民法要充分发挥的人的积极性和主动性，所以，民法是以意思自治为基本原则的，非常注意尊重和保障人的自由与权利。一个自然人从出生时起，到死亡时止，都具有民事权利能力，依法享有民事权利、承担民事义务。民法允许一个人安排自己的生活、规划自己的未来，除了监护人可以对被监护人进行抚养、教育和保护之外，完全民事行为能力人有权在法律的范围内，自由地决定、安排自己的生活，不管是基于多么崇高的理由和目标，别人无权决定或安排他（她）的生活。

自由与责任是一枚硬币的两面。民法在承认一个人的自由的同时，也要求每一个人为自己的行为负责，也就是说，他（她）应当为且仅为自己的行为负责，不能不为自己的行为负责，也不需要为他人的行为负责。让一个人为自己的行为负责，本身也是对这个人的尊重，是对其自由意思的承认。只有那种无法作出自由意思的人，才不需要为自己的行为负责，例如，古代社会的奴隶、现代社会的无民事行为能力人。在前述案例中，如果老张和老王就玉石的买卖达成了一致，老张愿意出价1万元来买，老王也愿意卖，那么他俩间的买卖合同就成立并生效了。此时，出卖人和买受人都必须为自己的行为负责，全面履行合同，老张要支付1万元给老王，老王要把玉石交付给老张，谁都不能不认账，否则就要承担违约责任。

民法不仅尊重和保护自由，也尊重和保护权利，两者不可分离。对某人权利的保护，往往就是对他人自由的限制。例如，民法保护所有权，所有权属于绝对权。绝对权就意味着，除了权利人之外，其他的人都是义务人，都负有不得侵害权利人的权利的义务，这是一种绝对的义务。所有人可以对标的物予以直接支配并排除他人的干涉或妨碍。权利人之外的人都是义务人，都负有不得侵害、妨碍所有权的义务。因此，所有权在赋予权利人对于物的排他支配的权能的同时，也对其他人的行为自由作出了相应的限制，以此来保护所有权人。由此可见，民法对于权利的规定，就是对于人的自由的保护，在权利的范围内是权利人的自由，超越权利的范围，就是他人的行为自由。

通过学习民法，我们可以知道自己享有哪些民事权益，受到民法的何种保护，哪些是别人的行为自由，同时，也可以知道哪些是他人的民事权益，自己的行为自由的边界在哪儿，从而做到既大大方方、勇敢地行使权利，又要尊重他人的权利和自由。例如，当房屋所有权人李某在自己的房屋里时，作为所有权人，他可以对房屋进行占有、使用、收益和处分。可是，李某不能妨害他人。虽然是在他自己的房子里，他也不能三更半夜大声播放摇滚乐。如果这样做，他就妨害了他人，侵害了别人的权利。再如，A可以在网络论坛上发言，给报纸杂志投稿，发表对某一问题的看法，但是，不能侵害别人的名誉权、隐私权。知道自己的权利和自由，尊重别人的权利和自由，"己所不欲，勿施于人"，其斯之谓与！

为了更好地适应人民日益增长的美好生活需要，我国民法非常注重对民事权益的保护。《民法典》第一编是总则，第二编到第六编则是对各类民事权利的规定，分别为：物权、合同、人格权、婚姻家庭、继承。最后一编即第七编"侵权责任"则是用来保护前面各编规定的人格权、身份权和财产权的。《民法典》第一编"总则"的第五章"民事权利"更是按照位阶高低详细列举了我国现行法上的民事权益，包括人格权（第109～111条）、身份权（第112条）、财产权（包括物权、债权，即第113～122条）、知识产权（第123条）、继承权（第124条）、股权和其他投资性权利（第125条）、其他的民事权利和利益（第126～128条）。这就是我国现行的民事权益体系，里面的每一项民事权益都非常重要。

以人格权为例，我国民法典之所以详细规定并保护人格权，就是要更好地满足人民日益增长的美好生活的需要。心理学家马斯洛曾提出了著名的需求层次理论，按照他的理论，人具有一些基本的需求，这是由人种遗传所先天决定的，属于所谓的"类本能"。这些基本需求主要有五类，分别是：生理需求（对食物、衣服的需求），安全需求（对安全、稳定、社会秩序、免受威胁恐吓等的需求），归属和爱的需求（对爱、感情和归属的需求），自尊的需求（获得对自己的稳定的、牢固不变、通常较高的评价的需求），自我实现的需求（对自我发挥和自我完成的欲望）。① 在很长一段时间，由于经济不发达，我国社会的主要矛盾是人民日益增长的物质文化需求与落后的社会生产力之间的矛盾。也就是说，广大民众还是停留在满足最基础的衣食住行等生理需求和安全需求的层面。随着改革开放以来我国经济的高速发展，进入新时代后，社会的主要矛盾已经转化为人民日益增长的美好生活需要和不平衡、不充分的发展之间的矛盾。日益增长的美好生活需要，不仅包括生理需要、安全需要，还包括归属和爱的需要、自尊的需要和自我实现的需要。为了更好地适应人民日益增长的美好生活需要，通过规定人格权来更好地维护人民权益，增加人民群众的获得感、幸福感和安全感，促进人的全面发展，因此，《民法典》才决定将人格权单独成编予以规定，并逐一、详细地规定生命权、身体权、健康权、姓名权、名誉权、肖像权、隐私权和个人信息权益等具体人格权益，以及作为一般人格权的人格尊严、人身自由。

学习民法，能使我们知道自己的权利和自由，也会使我们逐渐懂得权利不是恩赐的，而是需要积极实现、努力争取，并不断为权利而斗争，才能确保自己以及他人真正享有的。在脍炙人口的名篇《为权利而斗争》中，著名法学家耶林指出，为权利而斗争既是个人的义务，也是对社会的义务，对于国家也极为重要。"不习惯于勇敢捍卫自己权利的人，是不大会出现为国民利益，而牺牲自己的生命与财产的冲动的。出于贪图安逸或胆小怕事而

---

① ［美］亚伯拉罕·马斯洛：《动机与人格》（第三版），许金声译，中国人民大学出版社 2013 年版，第 15－24 页。

放弃自己正当权利的人，对自己的名誉与人格遭受理念上的损害而无动于衷的人，习惯于仅用物质的尺度衡量权利的人，当国家的权利与名誉受到损害时，又如何期待这些人运用不同的尺度，以不同的情感进行斗争呢？"①

鲁道夫·冯·耶林
(Rudolf von Jhering, 1818—1892)

《为权利而斗争》
1874年维也纳第4版

拉德布鲁赫曾言："法律不是针对善，而是针对恶制定的。一项法律越是在它的接受者那里以恶行为前提，那么它本身就越好。考虑到人，立法者必须是悲观者，而且一个现代立法者将很难做到恰如其分。"② 哈佛大学法学院教授艾伦·德肖维茨认为："权利来自人类经验，特别是不正义的经验。我们从历史的错误中学到，为了避免重蹈过去的不正义，以权利为基础的体系以及某些基本权利（例如表达自由、宗教自由、法律平等保护、正当

---

① ［德］鲁道夫·冯·耶林：《为权利而斗争》，刘权译，法律出版社2019年版，第47页。

② ［德］拉德布鲁赫：《法学导论》，米健、朱林译，中国大百科全书出版社1997年版，第70页。

法律程序与参与民主）至关重要。"①

以前述人格权为例，其真正全面发展和完善是第二次世界大战之后的事情。在第二次世界大战中，德国、日本、意大利等邪恶轴心国大规模侵害人权的行为使人们深刻地认识到，保护人、尊重人与维护人格尊严、人格自由是多么得重要。二战后，世界各国的人权运动蓬勃兴起，"人权运动包括两个主要内容：一是要求民族自决，废除奴隶制，消除种族歧视；二是重视每个人的人格权"②。我国人格权的发展也是在"文化大革命"之后，鉴于"文化大革命"中发生严重侵害人权、损害人格尊严的现象，最高立法机关先是在1982年的《宪法》中对保护公民的人格尊严、人身自由和通信秘密等作出了规定；此后，又在1986年的《民法通则》第五章"民事权利"中专节规定"人身权"（第四节），该节采用8个条文（第98～105条）逐一规定了对生命健康权、姓名权、名称权、肖像权、名誉权、荣誉权、婚姻自主权等人身权利的保护，规定之详尽在世界立法史上均属少见。

总之，民法使我们知道自己的权利和自由，学会尊重别人的权利和自由。民法使我们知道，要积极为权利而斗争，包括为自己的权利，更包括为他人的权利而斗争，要勇于同一切不公正、不正义的事情做抗争。"世界上的一切权利都是经过斗争而得来的。""不管是国家的权利，还是个人的权利，任何权利存在的前

---

① ［美］艾伦·德肖维茨：《你的权利从哪里来？》，黄煜文译，北京大学出版社2014年版，第8页。

② 谢怀栻：《外国民商法精要》（第三版），程啸增订，法律出版社2014年版，第26页。

提，都在于时刻准备着去主张权利。"①

1.2 学会以民法来规划和指导生活和工作

"对酒当歌，人生几何！譬如朝露，去日苦多。"在短暂的一生中，人可以一辈子不与刑法、刑事诉讼法打交道，可以永远不知道国际法、行政法为何物，但一个人却无时无刻离不开民法，没法不和民法打交道。小到日常生活中的柴米油盐酱醋茶，大到结婚成家、购房置业、出国求学等。总之，衣食住行、生老病死，无一不涉及民法。"民法相伴一生"的说法绝不过分，甚至还不尽准确。即便一个人尚未出生，纵然某人已经去世，依然会涉及民法。前者如，某人在母亲肚子里、还是胎儿的时候，倘若涉及遗产继承、接受赠与等利益保护的问题，依据《民法典》第16条，胎儿视为具有民事权利能力。若该胎儿的父亲去世了，此时胎儿虽然还不是民事主体，可为了保护胎儿的利益，依据《民法典》，遗产分割时，应当保留胎儿的继承份额。如果胎儿娩出时是死体的，则该保留的份额按照法定继承办理。再如，王某驾车撞死了张某，张某的妻子已经怀孕，此时腹中的胎儿虽未出生，仍有权要求侵权人王某支付被抚养人的生活费。

---

① ［德］鲁道夫·冯·耶林：《为权利而斗争》，第1页。

第一讲 | 为什么要学习民法

一个人死亡后,虽然已经不是民事主体,不具有民事权利能力和民事行为能力,但是死者的姓名、名誉、肖像、隐私等,也不能被他人任意侵害,否则,死者的父母、子女或配偶等近亲属有权要求加害人承担侵权责任,这就是《民法典》第994条的规定。特别是对于英雄烈士的名誉、肖像等,更不能加以侵害,我国颁布了专门的法律——《英雄烈士保护法》——对之作出规定。在最高人民检察院公布的第三十四批指导案例中,有一个典型案例:"仇某侵害英雄烈士名誉、荣誉案(检例第136号)"。该案中,被告仇某在卫国戍边官兵英雄事迹宣传报道后,为博取眼球,获得更多关注,在住处使用其新浪微博账号"辣笔小球"(粉丝数250余万),先后发布2条微博,歪曲卫国戍边官兵祁发宝、陈红军、陈祥榕、肖思远、王焯冉等人的英雄事迹,诋毁、贬损卫国戍边官兵的英雄精神。上述微博在网络上迅速扩散,引起公众强烈愤慨,造成恶劣社会影响。截至仇某删除微博时,上述2条微博共计被阅读202 569次、转发122次、评论280次。南京市建邺区人民检察院以仇某涉嫌侵害英雄烈士名誉、荣誉罪提起公诉,后建邺区人民法院以仇某犯侵害英雄烈士名誉、荣誉罪判处其有期徒刑8个月,并责令仇某自判决生效之日起10日内通过国内主要门户网站及全国性媒体公开赔礼道歉、消除影响。

或许,有人可能会说,我不和别人发生纠纷,不打官司,自然也就用不到民法了。首先,树欲静而风不止,民事纠纷并不是一人可以一厢情愿决定的事。一方当事人严格遵守合同,并不能保证另一方当事人也诚信守约。比如,购房人甲与A房地产开发商签订了商品房买卖合同,甲按时按约支付了购房款,可是,A

开发商却随意变更规划，改变房屋内部设计，或者迟迟不交房，甚至即便交房，却由于规划验收不合格等原因而导致业主入住多年后仍无法办理房产登记。显然，这些都是不以一方当事人的意志为转移的。其次，即便是合同的双方当事人主观上都很有诚意，认真履约，但是，若突然发生了一些双方都没能预见的事情（例如新冠肺炎疫情），导致继续履行合同对于一方而言很不公平。这种情形下，仍必须依据民法加以解决。例如，甲、乙双方在2019年11月签订了为期3年的房屋租赁合同，甲是承租人，租用出租人乙的房屋办钢琴培训班，每年租金30万元，订立合同时支付一半，剩下的一半在2021年6月1日之前支付。甲支付了一半的租金，乙也将案涉房屋交付给了甲，甲进行了装修并使用。然而，没多久，新冠肺炎疫情爆发，所有人都被要求居家办公，政府不允许线下上课、举办培训班。这种情形下，如果要求甲继续履行合同，对其显然是不公平的；可如果解除合同，要求乙退还全部的租金，对乙也不公平，毕竟乙的房屋想在疫情期间再出租出去也不容易。这种案件就需要运用民法中的情势变更制度来解决了。依据《民法典》第533条，合同成立后，合同的基础条件发生了当事人在订立合同时无法预见的、不属于商业风险的重大变化，继续履行合同对于当事人一方明显不公平的，受不利影响的当事人可以与对方重新协商；在合理期限内协商不成的，当事人可以请求人民法院或者仲裁机构变更或者解除合同。也就是说，甲乙可以重新协商，解除合同或者由乙减免租金等。如果没法协商一致，双方可以到法院诉讼或者向仲裁机构申请仲裁。

第一讲 | 为什么要学习民法

民法的很多规则不是单纯的裁判规则,只能用于指导法院或仲裁机构裁决纠纷,也是行为规范,可以很好地指导各类民事主体如何进行民事活动。例如,《民法典》第471条规定,当事人订立合同,可以采取要约、承诺方式或者其他方式。这就是说,当事人在订立合同时,当然可以按照《民法典》对要约、承诺等的具体规定来进行,也可以通过其他方式如交叉要约、同时表示或者意思实现的方式来订立合同。证券交易所通过计算机交易系统按照价格优先、时间优先的规则,由计算机自动撮合、逐笔不断成交的方式,就不同于要约、承诺方式。在这个层面上,要约、承诺的规则属于指导当事人缔约的行为规范。然而,在另一个层面上,一旦当事人就合同成立与否发生争议的,那么要约、承诺的相关规则就成为裁判规则,法院或仲裁机构需据此解决相关纠纷或争议。再如,《民法典》在第五编"婚姻家庭"中专章规定了"结婚",里面列明了结婚必须符合的条件以及不得结婚的情形,前者如,男方结婚年龄不得早于22周岁,女方不得早于20周岁。后者如直系血亲或者三代以内的旁系血亲禁止结婚。这些就是行为规范,它告诉人们,结婚应当满足哪些情形及不得存在哪些情形。同时,《民法典》还规定了违反这些有关结婚的行为规范的法律后果,例如,没有达到法定婚龄、有禁止结婚的亲属关系而结婚的,依据《民法典》第1051条,婚姻是无效的。

有人戏称,赚钱的方法都在刑法中。刑法规定的是犯罪和刑罚,里面所谓的赚钱方法都是坑蒙拐骗、杀人越货的行径,通过损害他人来获益,行为人将受到刑罚的制裁。子曰:不义而富且贵，于我如浮云。富而可求也；虽执鞭之士，吾亦为之。如不可求，从吾所好。学习民法，才能真正学到怎样以合乎法律、合乎道义的方式取得财富。

总之，学习民法，可以使人自主、负责地规划、安排生活和工作，在发生纠纷后，运用民法的规范来维护自己的合法权益，解决这些纠纷。民法使人做到自己活，也让别人活；自己不活，也绝不能不让别人活！

1.3 民法蕴含的人生哲理与智慧使人终身受益

民法规范不是从天上掉下来的，也不是来自民法学家的头脑，而是源于社会生活，是对典型生活事实的抽象。当纷繁复杂的生活事实被抽象为民法的规则后，生活中的哲理和智慧也被蕴含在民法规范里。学习民法的过程就是感受民法的精神，领悟其中蕴含的人生哲理与生活智慧的过程。学习民法能够让人更加理性，做到"从心所欲，不逾矩"，受益终身。

诚实守信一直是中华民族的传统美德。从古到今，我国传统文化都非常重视信用。在儒家的经典著作《论语》一书中，先贤孔子及门人就曾反复指出诚信的重要。孔子说："人而无信，不知其可也。大车无輗，小车无軏，其何以行之哉！"曾子说："吾日三省吾身，为人谋而不忠乎，与朋友交而不信乎，传不习乎。"

现代市场经济是信用经济，良好的信用对于维护经济秩序、降低交易成本、防范经济风险都至关重要。《民法典》第 7 条规定："民事主体从事民事活动，应当遵循诚信原则，秉持诚实，恪守承诺。"因此，诚信原则是民法的一项基本原则，这个原则要求自然人等民事主体讲诚实、重诺言、守信用。也就是说，任何民事主体在从事民事活动时，无论行使民事权利、履行民事义务，还是承担民事责任，都应该秉持诚实、善意，不欺不诈，信守承诺。诚信原则在民法尤其是合同法中具有很高的地位，甚至被称为"帝王条款"。

再如，我国民法还有一项基本原则叫作公序良俗原则，它可以分为"公共秩序"与"善良风俗"这两个部分。其中，公共秩序，是指国家与社会的秩序，包括政治秩序、经济秩序、文化秩序、生活秩序等多方面。善良风俗，是指公共道德与良好的风俗，即社会全体成员达成共识的、应当遵循的道德与行为准则。善良风俗将生活中的道德规范纳入民法规范当中，据此指导当事人的行为。重庆市曾经发生过一个案件。大致的案情是：父母花钱买了一套房屋（大部分钱是父母出的），父母疼爱女儿，就把房屋 90% 的份额登记在女儿名下，自己只留了 10%。后来，女儿和父母闹矛盾，担心父母把房屋转让给其他人，到法院把父母给告了，请求分割该房屋，并在补偿父母几万元后，请求让父母把 10% 的份额转让给自己。如果从单纯的民法规则即共有物的分割规则来说，就按份共有而言，只要是共有人没有约定不得分割共有物或者约定了但不明确的，按份共有人就可以随时请求分割共有物。如果依据该规则来裁决本案，结论自然是应支持女儿的请求。但是，法院认为，这样做违反传统的孝道，有悖于公序良俗原则。理由在于：案涉房屋的房款的大部分是父母出资的，女儿只出了一小部分，但是，父母却将90%的份额登记在女儿名下，远远超出了女儿出资的部分。简单说，就是父母赠与女儿的，体现了父母对子女的疼爱。孝敬父母是我们中国传统伦理道德的基石，父母与子女之间的这份感情应当是人世间最真诚、最深厚、最持久的感情。子女因为和父母闹矛盾，就要求父母转让房屋份额，父母担心一旦转让了，可能会居无定所。在这种情况下，考虑到女儿的份额大，父母的份额小，父母实际上是难以转让的。并且，父母在诉讼中也已经承诺有生之年不会转让、处分自己10%的份额，去世之后该份额归女儿所有。法院认为，出于孝道的考虑，判决父母转让财产份额并无实际意义，徒增父母的担忧，不符合孝道，故此，驳回了原告的诉讼请求。①

前一段时间，社会上影响很大、引发各界关注和讨论的"江歌案"，表面上是一个民事侵权纠纷案件，实际上背后体现的就是中国人对于那种忘恩负义之人的痛恨。俗话说，"滴水之恩，涌泉相报"。虽然绝大多数人并不能真正做到，但是，感恩之心还是要有的。江歌案中，虽然直接杀害江歌的是刘某的男友陈某，而江歌为了帮助自己的朋友刘某而被殃及。结果刘某及其家人不仅不感激，反而各种言语刺激，真实上演了一出"农夫与蛇"的故事。一审法院认为，刘某作为江歌的好友和被救助者，

---

① "刘柯妤诉刘茂勇、周忠容共有房屋分割案"，载《最高人民法院公报》2016年第7期。

事发之后，非但没有心怀感恩并对逝者亲属给予体恤和安慰，反而以不当言语相激，进一步加重了他人的伤痛，其行为有违常理人情，应予谴责，应当承担民事赔偿责任并负担全部案件受理费。见义勇为、知恩图报都是中华民族的传统美德。这些传统的道德规范在我国民法中都有鲜明的体现。例如，《民法典》第184条规定，因自愿实施紧急救助行为造成受助人损害的，救助人不承担民事责任。这就是为了更好地鼓励见义勇为、扶危济困，鼓励人们去实施帮助他人的行为。再如，《民法典》第183条规定，因保护他人民事权益使自己受到损害的，由侵权人承担民事责任，受益人可以给予适当补偿。没有侵权人、侵权人逃逸或者无力承担民事责任，受害人请求补偿的，受益人应当给予适当补偿。受益人之所以应当给予适当补偿，就是体现了民法对人们要有感恩之心、感恩之行的要求。正所谓"以德报德，以直报怨"。

总之，民法规范蕴含了大量的人生哲理和生活智慧，学习民法的过程也就是逐渐理解这些人生哲理，领悟人生智慧的过程。它们能够让我们在面对纷繁复杂、充满风险的现代社会时，更多一份从容、有一份自信，受益终身！

1.4 奠定学好其他法律部门的坚实基础

民法是"万法之法"，民法的产生远早于其他任何部门法。在古代社会，没有国家前，不存在刑法，更不存在宪法、行政法、诉讼法等,却有民法。例如,一个人打死另一个人,这个行为只是一种侵权行为,因为受到损害的是被损害的个人而不是"国家",无论是同态复仇还是支付金钱赔偿,都只是对受害人的赔偿。梅因在《古代法》一书中说:"在法律学幼年时代,公民赖以保护使不受强暴或诈欺的,不是'犯罪法'而是'侵权行为法'。"① 也正因民法的出现很早,其形成的很多概念、规则和制度,后来逐渐被其他法律部门所吸收借鉴,例如,古罗马阿奎利亚法对侵权行为中违法性与过错的区分,就被刑法借鉴,成为刑法三阶层理论中的不法性与有责性。再如,行政法就是从民法中发展出来的,后来才慢慢具有一些独特的内容,直到现在一些行政法领域如行政赔偿、行政协议等,也都仍然使用民法中的侵权法与合同法理论。

民法调整的是平等主体的自然人、法人和非法人组织之间的人身关系和财产关系,这是一个范围非常广泛、形态千变万化的社会关系,因此,民法的规范也是最为复杂、最为精密的,学习民法的难度也是最高的。对于这一点,参加法律职业资格考试的人应当有切身的体会。举例来说,刑法坚持罪刑法定原则,所以,刑法中的罪名是有数的,是固定的。如果要增加新的罪名,必须通过新的法律规定,在我国采取的就是"刑法修正案"的方式。但是,侵权行为不存在侵权行为法定原则,只是对于适用无过错责任、过错推定责任和公平责任的侵权行为,必须由法律作出明确规定,但是,数量众多、类型复杂的一般侵权行为,却是

---

① [英]梅因:《古代法》,第209页。

统一适用过错责任的规定。在《民法典》中，关于过错责任的规定就是简单的一款，即第 1165 条第 1 款："行为人因过错侵害他人民事权益造成损害的，应当承担侵权责任。"其中，过错、侵害、损害以及因果关系的判断，都必须结合案情以及民法理论加以认定，非常复杂。

因此，学好民法，可以为学习其他法律打下坚实的基础。能够把民法学好的同学，应该也会学好刑法、宪法、诉讼法等其他部门法律，除非他（她）本身真的就没有兴趣。

1.5 推荐阅读材料

1. ［德］鲁道夫·冯·耶林：《为权利而斗争》，刘权译，法律出版社 2019 年版

这是一本所有人都应当读一读的书。权利不是天上掉下来的，更不能指望恩赐，权利是自己争取的，为权利而斗争就是为了自我的人格而斗争，"用尽一切可用的手段，同无视权利的人做斗争，是每个人对自己应尽的义务"。

2. ［德］鲁道夫·冯·耶林：《生活中的法学：法律问题与法律思维》，于庆生、柯伟才译，中国法制出版社 2019 年版

这也是著名法学家耶林的著作，是一本非常有趣和训练民法

思维的小书。作者将生活中的各个场景中的行为和可能的情形都转换为民法上的问题。例如，作者在书的开篇以坐火车旅行为例，提出了一系列的问题："1. 为了去火车站，我向经过我家的公车招手并上车，一句话也没说。上车这个行为有法律意义吗？有什么法律意义呢？因此成立了哪种法律行为呢？2. 如果我上的是一个朋友的车，他是来接我去兜风的，也有法律意义吗？这两种情况之间有什么区别呢？3. 在上述情形中，公车的售票员处于什么法律地位呢？公车公司仅对我与售票员签订的合同承担责任，还是也对售票员的侵权行为承担责任呢？比如，他将我遗忘的旅行包据为己有，或者故意少找我钱。4. 如果他少找我钱是无意的呢？5. 司机的法律地位和售票员是一样的吗？或者，他们对公司履行的义务有什么区别吗？在没有售票员的情况下，司机的地位会发生变化吗？6. 乘客把行李交给售票员（司机）绑在车顶上。这会产生某项请求权吗？通过什么诉讼来主张这项权利呢？7. 如果乘客自己携带的东西在公车上被盗了呢？8. 由于公车翻车，乘客的行李飞进商店橱窗并被损坏。橱窗损坏的赔偿请求权和行李损坏的赔偿请求权，是基于同样的法律依据吗？行李已经交给售票员和由乘客自己带在身边，有什么不同吗？"笔者相信，即便是研究民法多年的学者也不一定能回答好书中的全部问题。

第二讲

现代法律体系中的民法

截止到2021年1月，全国人大及其常委会颁布的现行有效的法律共有274件，国务院颁布的行政法规700多件，地方性法规12 000多件。此外，还有数量更为庞大的法规和规章。虽然《民法典》是到目前为止条文数量最多的一部法律，但也只是274件法律中的一件而已。实践中，许多民事案件不是单纯的民事纠纷，而是民事与刑事案件交织，如合同纠纷与合同诈骗罪或者机动车交通事故责任与交通肇事罪交织，也可能是民事与行政纠纷纠缠在一起，如行政审批与合同的效力、房屋买卖合同纠纷与不动产登记行政诉讼相连。民法与刑法、行政法等其他法律部门紧密联系、互相关联，共同规范社会生活事实。因此，在学习民法时，一定要将民法放在整个法律体系当中，注意民法与其他法律部门的关系，注意吸收其他法学学科中的理论。当然，人的时间和精力都是有限的，不可能面面俱到。以同样的深度来学习所有的法学学科，显然是做不到的。由于各个法学学科是密切相关的，很多时候学好了一门，另外一门或几门的学习就事半功倍了。因此，了解民法与其他法律部门的关系，很重要。

2.1 民法是私法的基本法

公法与私法的区分是自罗马法以来对法律的最重要的分类方法。划分公法与私法的标准主要有三种，即利益说、关系说和主体说。利益说是以法律所保护的利益究竟是公共利益还是私人利益为标准,凡是保护公共利益的就是公法,而保护私人利益的则属于私法。关系说认为,公法调整的是不平等的主体之间的关系,即它们之间是权力与服从关系;私法则调整平等主体之间的人身关系和财产关系。主体说认为,应当以法律关系的主体是否至少有一方属于高权主体为标准来划分,如果只是私人作为法律关系主体的,则属于私法。如果有一方当事人是高权主体的,则属于公法。

在现代社会,公法与私法的二元划分已不准确,社会法、个人信息保护法等新兴法律部门及领域法的产生,使私法和公法相混合,难以截然划分。虽然如此,在认识整个法律体系时,私法与公法的划分还是具有一定的意义。私法,即广义的民法,既包括民法典这一民事领域的基本法律,还包括商法、知识产权法等民事领域的特别法。从我国《民法典》来看,民事基本法律的内容分为七部分,即总则、物权、合同、人格权、婚姻家庭、继承以及侵权责任。

(一) 民法与商法

我国民事立法秉持的是民商合一的传统,许多商事法律规范被纳入民法之中。民法典是民事领域的基础性、综合性法律,《民法典》编纂进一步完善了民商事领域的基本法律制度和行为规则,为各类民商事活动提供了基本遵循。但是,仅仅依靠《民法典》,肯定无法调整所有的民商事法律关系。因此,在《民法典》之外,我国还有《公司法》《证券法》《保险法》《信托法》《票据法》《企业破产法》《海商法》等民事特别法。《民法典》第

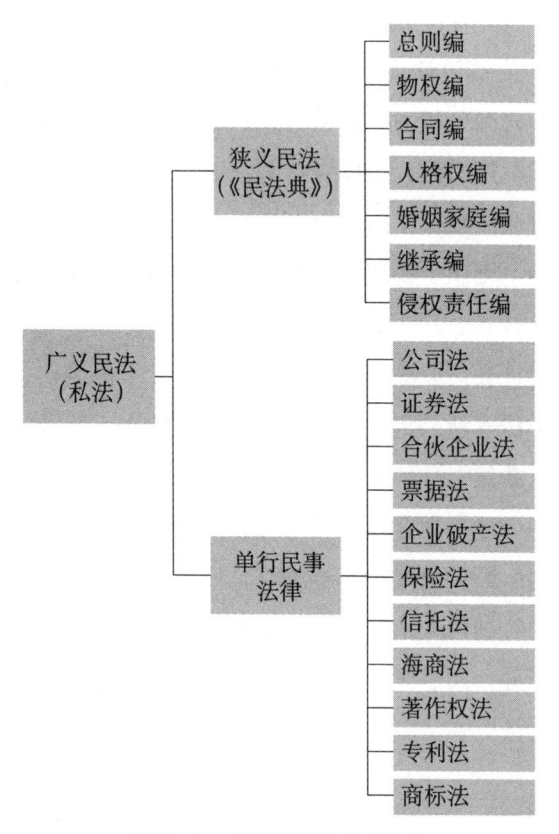

```
广义民法
(私法)
├── 狭义民法
│   (《民法典》)
│   ├── 总则编
│   ├── 物权编
│   ├── 合同编
│   ├── 人格权编
│   ├── 婚姻家庭编
│   ├── 继承编
│   └── 侵权责任编
└── 单行民事法律
    ├── 公司法
    ├── 证券法
    ├── 合伙企业法
    ├── 票据法
    ├── 企业破产法
    ├── 保险法
    ├── 信托法
    ├── 海商法
    ├── 著作权法
    ├── 专利法
    └── 商标法
```

图 2-1 我国民法的组成部分

11条规定："其他法律对民事关系有特别规定的，依照其规定。"这就是说，一般而言，在民事特别法有规定的时候，应当适用特别规定，没有规定的，就适用《民法典》的规定。

事实上，即便在《民法典》中，不仅有大量的内容是对基本民事法律规则的规定，也有专门针对商事活动的特别规定。例如，《民法典》关于营利法人的规定就可以适用于最主要的商事主体——公司；再如，依据《民法典》第 448 条，债权人留置的动产，应当与债权属于同一法律关系，但是企业之间留置的除外。所谓"企业之间留置的"情形，就是商事留置权。之所以《民法典》对此作出专门的规定，就是考虑到企业之间在商事活动中相互进行的交易往往非常频繁，追求的是交易效率，并强调商业信用。如果严格要求留置财产必须与债权的发生具有同一法律关系，有悖于商事交易的迅捷和交易安全原则。

商法是民法的特别法。商法的基础理论如主体、法律行为和民事责任等都植根于民法。因此，要学好商法，就必须学好民法。要学好民法，也不能不关注商法。著名法学家拉德布鲁赫在《法学导论》一书中写道："没有任何领域比商法更能使人清楚地观察到经济事实是如何转化为法律关系的。只要不与强行法相悖，商人就可以根据自己的力量，按照自己的需要以合意的交易方式设定他的法律关系"，"只要是成文法没有规定或者制定法规则允许偏离法律的约定存在，那么商人本身就自己创造着法律。"[1] 为了追逐利益，商人在商业活动中可谓"脑洞大开"，进行各种创新，由此演进形成的规则常常突破民法中的一般性规则。例如，民法中的保证担保特别强调从属性，保证合同的效力从属于主债权债务合同，主合同无效或被撤销的，保证合同也无效。但是，商事交往中为了强化保证合同的担保效力，避免因主合同的原因而使保证无效，在效力、变动、管辖和准据法等方面摆脱基础合同关系的影响，就产生了独立保函。再如，普通的债

---

[1] [德]拉德布鲁赫：《法学导论》，第 88 页。

权债务关系存在于特定的当事人之间，无论是债权人转让债权，还是债务人转移债务，都要受到相应的限制，转让债权要求必须通知债务人，否则对债务人不发生效力；转移债务更是要取得债权人的同意。但是，在商业活动中，为了更好地满足融资需求，加速债权的转让，形成流动，商人们将债权与证券（如票据、债券）结合，通过证券的让与而发生债权转让的效果。不仅如此，将债权附在各种债券后，还可以大规模地发行，向不特定公众筹集资金，得到持久稳定的信用。

总之，民法调整的是人身关系和财产关系，以公平优先为最高价值取向，追求的是各方利益的合理协调。商法规则以效益优先为最高的价值取向，追求的是高效便捷，尽量鼓励商业自由和创新活动。学习民法时一定要注意商事活动与商法规则的特殊性，并注意民法规则与商法规则的差异。

古斯塔夫·拉德布鲁赫（Gustav Radbruch, 1878—1949）

（二）民法与知识产权法

知识产权法研究的是著作权、专利权、商标权等知识产权，涉及《著作权法》《专利法》《商标法》《反不正当竞争法》等法律。知识产权属于民事权利。早在1986年颁布的《民法通则》中，知识产权就被作为民事权利的一类，与人身权、债权等规定在该法的第五章。出于立法技术等方面的考虑，《民法典》没有将知识产权规定为其中的一编，但是延续了《民法通则》的做法，在总则编第五章"民事权利"，以详细列举知识产权客体的方式对于知识产权作出了规定（第123条）。同时，这为将来的知识产权客体的发展留出了空间。要学好知识产权法，就必须学好民法。

如果脱离民法去学习知识产权，甚至认为知识产权是非常独特的法律部门，与民法毫无关系，必然最终走入"死胡同"，做很多自以为是的创新，其实是重复发现牛顿定理之类的无用功。例如，以往知识产权领域曾经争论一个问题，即侵害知识产权的侵权行为究竟适用何种归责原则？是无过错责任还是过错责任？有些学者认为，知识产权有所谓的禁令制度，只要知识产权被侵害或有被侵害的危险，法院就可以根据权利人的请求发出禁令，所以侵害知识产权适用的是无过错责任，不需要行为人有过错，也不需要造成实际的损害。显然，这就是没有搞清楚民法上归责原则的含义。归责中的"责"并非所有的民事责任，而仅限于损害赔偿责任，也就是说，只有在损害赔偿责任中才需要确定令行为人承担赔偿责任的理由是什么，是过错还是危险，从而相应地产生了过错责任与危险责任。但是，在要求行为人承担停止侵害、排除妨碍或消除危险的责任时，与归责原则无关。因为这些民事责任的承担方式属于民法上的绝对权请求权，而非侵权赔偿请求权。具体到物权就是物权请求权，知识产权就是知识产权请求权。这三类请求权旨在回复绝对权的圆满状态，只要构成侵害，即行为人没有合法根据而侵入权利领域或具有侵入权利领域的危险的，权利人就可以要求停止侵害、排除妨碍或消除危险，不以行为人有过错为要件，更不要求造成了损害。但是，除非法律规定适用无过错责任或过错推定责任，侵权赔偿请求权原则上适用的是过错责任原则。在适用过错责任的情形下，侵害知识产权的侵权赔偿责任的构成要件自然包括侵害行为、损害、因果关系以及过错。民法没有学好，就容易出现这样的错误。

笔者在人大法学院读研究生，刘春田教授在给我们讲授"知识产权法"这门课时，就反复强调学好民法对于知识产权法的重要意义。2020年《民法典》颁布后，刘春田老师在当年6月10日的《中国知识产权报》上曾发表一篇文章，系统地阐述了《民法典》对于知识产权立法、司法和学术研究的重大意义，其中有一段话非常精辟，引述如下："《民法典》对我国知识产权法律制度具有基础、系统和全局性的、决定性的作用。《民法典》如同大脑、神经和肌肉系统，通过总则和分编确认了知识产权的保护对象、私权性质、归属主体、行使规则和责任制度，把民法的精神、宗旨、指导思想、法律原则等系统地投射和贯穿到知识产权法律的每项制度和规则之中，成为知识产权法律的指引和主宰。《民法典》是知识产权的法律母体，为后者的发展和完善奠定了基础，廓清了思想，指明了方向，界定了范围，是知识产权的精神家园。"[①]

---

① 刘春田：《民法典是知识产权的法律母体和精神家园》，载《中国知识产权报》2020年6月10日。

第二讲｜现代法律体系中的民法

2.2　民事实体法与程序法

民事程序法是广义上的，不仅包括民事诉讼法，还包括仲裁法、调解法、强制执行法、民事证据法等。民事程序法在许多高校法律院系的学生心目中似乎没有民法那么重要，缺少理论，加之程序法的内容往往比较枯燥，也没有那么多"稀奇古怪"的案例，所以，民事程序法的学习就更容易被忽视。然而，无论是从事法学研究还是法律实践，民事实体法与民事程序法都是"车之两轮，鸟之双翼"，缺一不可。因为，就自然人、法人等主体享有的民事权利而言，完全有赖于程序机制的保障，否则，只是纸面上的权利。例如，民法上对于自然人所规定的民事行为能力、监护、宣告失踪和宣告死亡等制度，都必须通过民事诉讼法中的相应程序来实现，所以，我国《民事诉讼法》在第十五章"特别程序"中分别规定了"宣告失踪、宣告死亡案件""认定公民无民事行为能力、限制民事行为能力案件"等程序制度。

又如，债权保全包括债权人的代位权与撤销权，通过赋予债权人这两项权利，可以突破债的相对性，使债权人在符合相应条件时介入债务人与债务人的相对人的合同关系当中，代位行使债务人对相对人的债权或者与该债权有关的从权利，撤销债务人积极减少责任财产的有关行为，最终达到保障债权实现的目的。我国《民法典》明确规定，债权人的这两项权利都必须通过诉讼的方式来行使，即债权人要向法院提起代位诉讼或者撤销权诉讼。因此，就需要在民事诉讼法中对之作出相应的规定，否则，债权人根本无法实现这两项权利。

人格权是最重要、最基本的一类民事权利，地位特殊。民法上专门赋予了人格权主体以停止侵害、排除妨碍、消除危险等人格权请求权，为了及时制止侵害人格权的行为，为权利人提供高效的救济，以免侵害行为给人格权主体造成难以弥补的损害，《民法典》建立了一种高效、快捷的人格权请求权的程序实现机制，即第997条专门规定的人格权禁令制度。依据该条，当民事主体有证据证明行为人正在实施或者即将实施侵害其人格权的违法行为，不及时制止将使其合法权益受到难以弥补的损害的，就有权依法向人民法院申请采取责令行为人停止有关行为的措施。如果缺少关于程序性的具体法律和司法解释的规定，人格权禁令制度就是一纸空文。

民事诉讼法的重要作用还体现在证明责任上。生活中的事实要成为法律上的事实就要通过举证来实现，因为根据证据进行审判是近代司法制度的根本原则，否则就退回到古代的神明裁判了。如果不能提出证据证明相应的法律事实，就无法实现当事人主张的权利，故此，谁负有举证责任对于当事人的权利具有决定的影响。就证明责任分配的一般原则而言，《民事诉讼法》第67条第1款规定："当事人对自己提出的主张，有责任提供证据。"当然，法律有特别的规定的，应当按照法律的规定。在当事人负有举证责任时，如果其没有证据或者证据不足以证明自己的事实主张，那么其应当承担由此产生的不利后果。简单地说就是，

"举证之所在,败诉之所在"。

《民法典》等民事实体法中,对于证明责任的分配有不少明确的规定,应当先适用这些规定。例如,《民法典》第352条规定,建设用地使用权人建造的建筑物、构筑物及其附属设施的所有权属于建设用地使用权人,但是有相反证据证明的除外。第823条第1款规定,承运人应当对运输过程中旅客的伤亡承担赔偿责任;但是,伤亡是旅客自身健康原因造成的或者承运人证明伤亡是旅客故意、重大过失造成的除外。再如,《民法典》侵权责任编中规定的各类适用过错推定责任的侵权行为(第1199条、第1248条、第1253条等),就意味着应当由行为人来证明自己没有过错,而不是由被侵权人来证明行为人的过错。

总之,在学习民法时,要始终关注相应的程序法规定;了解一项民事权利时,要了解该权利的实现程序机制是什么;解决一项民事纠纷时,要清楚证明责任的分配。记得在人大法学院读书时,当时学院的规定是,民法研究生必须选民事诉讼法的课,民事诉讼法的研究生要选民法的课,考博士生的要求也是如此,即民法和民事诉讼法的博士生考试中的专业课都是民法和民事诉讼法。这种要求在客观上使同学们必须对民事实体法与民事程序法给予相同的重视。笔者对民事诉讼法的喜爱也正是从1998年上著名民事诉讼法学家江伟教授的课开始的,笔者发表的第一篇学术论文《论代位权与代位诉讼》就是听江老师课时,受到他老人家的启发而写成的。

2.3 民法与宪法

宪法是一国的根本大法，具有最高的法律效力，任何法律都不能同宪法相抵触。这是所有学过法律的人都耳熟能详的知识。如果说宪法中规定的公民的基本权利是原理性权利，那么，民法所规定的民事权利就是贯彻落实这些原理性权利的具体权利和手段性权利。例如，《宪法》第37条规定："中华人民共和国公民的人身自由不受侵犯。任何公民，非经人民检察院批准或者决定或者人民法院决定，并由公安机关执行，不受逮捕。禁止非法拘禁和以其他方法非法剥夺或者限制公民的人身自由，禁止非法搜查公民的身体。"第38条规定："中华人民共和国公民的人格尊严不受侵犯。禁止用任何方法对公民进行侮辱、诽谤和诬告陷害。"《宪法》这两条所规定的人格尊严与人身自由就属于原理性权利。为了能够落实它们，《民法典》专设人格权编，详细规定了生命权、健康权、身体权、名誉权、肖像权、隐私权等具体的人格权，同时，还规定人格权请求权等手段性权利来保护这些具体的人格权。

此外，《民法典》还在第109条和第990条第2款规定了作为民法上一般人格权的人身自由、人格尊严。在我国，由于宪法还不具备司法化的可能性，故此，只能通过民法等部门法来落实宪法的规定，并对基本权利被具体化后形成的民事权利予以保护。正是这种对人格权采取具体化的立法模式决定了，民法中的一般人格权能发挥拾遗补缺、适应社会发展的需要，对新型的人格利益予以保护的作用。在人格权纠纷案中，法官必须先确定被侵害的权利是否属于以及属于何种具体的人格权，或者原告所主张的被侵害的人格利益是否能够为既有的某一具体人格权所涵盖。如果原告所主张的被侵害的人格利益虽无法被涵盖，但属于合法利益、具有保护的必要性与正当性，那么就可以考虑运用《民法典》第109条与第990条第2款规定的一般人格权加以保护。除了人格权外，其他的民事权利如债权、物权、股权、继承权等，其基本的依据也都在于宪法。例如，《宪法》第13条规定，公民的合法的私有财产不受侵犯。国家依照法律规定保护公民的私有财产权和继承权。国家为了公共利益的需要，可以依照法律规定对公民的私有财产实行征收或者征用并给予补偿。总之，要学好民法就要认真学习宪法，了解宪法中规定公民基本权利的重要意义。

2.4 民法与刑法

刑法是规定犯罪与刑罚的法律。刑法解决的问题是，哪些行为构成何种犯罪，以及对于犯罪人应科处何种刑罚。民法和刑法当然存在明显的区别。例如，它们的调整对象不同。民法是以保护自然人、法人和非法人组织等民事主体的民事权益为己任，刑法则不限于此，其保护的对象非常广泛，不仅包括民事主体的人身、财产等法益，还包括社会秩序、政治秩序、经济秩序、国家安全、主权完整等许多方面的法益。民法和刑法的调整方法不同。民法属于私法，强调意思自治，尊重当事人的意思自由，故此，大量采取任意性规范调整民事关系。刑法属于公法，刑法中的规范都属于强行性法律规范，这一点和民法具有很大的差别。此外，民事责任和刑事责任的严厉程度也明显不同。刑事责任主要是刑罚，非常严厉，轻则剥夺自由，重则剥夺生命。民事责任则主要是停止侵害、排除妨碍、返还财产、赔偿损失、支付违约金、赔礼道歉等，其严厉程度远低于刑罚。民事责任先由责任人主动承担，不承担才由国家强制执行。刑罚则是由国家直接强制实施的。

上述区别使民法和刑法中的概念、研究方法、思维模式乃至学习方法，都有所不同。例如，刑法以罪刑法定作为最基本的原则，法无明定不为罪，法无明定不处罚。这是反对出入人罪，保障人权的基本要求。所以，刑法研究者必须仔细区分罪与非罪、此罪与彼罪以及数罪并罚等问题。然而，民法中的侵权行为却并不存在侵权法定的原则，在法律没有规定特别的归责原则时，所有的行为是否构成侵权行为都要以过错责任原则作为判断的标尺。因此，民法研究者更关注的是因果关系、过错等构成要件在特定案件中是否满足的问题。再如，民法和刑法都研究"占有""所有权""非法占有""财产""财产损失""故意"等基本概念，但是，在民法和刑法中，这些概念常常存在很大的差异。

当然，民法与刑法在实践中更多的是以所谓"民刑交叉"的面貌出现的。也就是说，一个行为同时符合民事责任的成立要件,也构成某种犯罪而应遭受刑罚处罚。例如,张三醉酒驾车撞死了行人李四,这样的一个行为,既是民法上的侵权行为,构成机动车交通事故责任,张三应当向死者李四的近亲属承担侵权赔偿责任。该行为也构成犯罪行为,属于交通肇事罪,张三要遭受刑罚处罚。由于长期以来的"重刑轻民"的传统思维与做法,在民事责任与刑事责任并存的情形下,有关部门往往忽视民事责任,只关注刑事责任,将违法犯罪行为人判刑了事,没有考虑到受害人的损害的填补。最典型的问题就是,在刑事附带民事诉讼中,法院不支持刑事犯罪受害人的精神损害赔偿请求。此外,出于种种原因,实践中也存在将单纯的民事纠纷作为刑事案件处理,或者将已经构成犯罪的行为仅仅作为违约或侵权处理的情形。例如,A公司与B公司签订了买卖合同,A公司向B公司支付了价款,但是B公司却不发货。从民法上说,B公司不按照合同约定履行交付货物的义务,当然构成违约,需要承担违约责任。但是,不能简单地因为金额巨大,就将B公司这种违约行为认定为合同诈骗罪。这一点上,笔者赞同周光权教授的观点,即在刑法与民法规范的保护目的相一致的场合,刑法应当绝对从属于民法,这是法秩序统一性的当然要求。换言之,在民事违法不存在时,应当断然否定待处理案件中行为的犯罪性;行为具有民事违法性时,也只不过是为定罪提供了"底限支撑",这个意义上的民事违法和刑事犯罪是"烟"和"火"的关系。①

---

① 周光权:《处理刑民交叉案件需要关注前置法》,载《法治日报》2021年4月7日,第9版。

显然，民法和刑法在很多时候面临共同的问题，这两门学科之间应当进行充分的对话和交流。日本有两位法学教授，一位是刑法教授佐伯仁志，一位是民法教授道垣内弘人，两位学者就刑法和民法中相互交错的各个领域进行了深入的讨论，出版了一本书叫《刑法与民法的对话》，这本书已被翻译为中文，有兴趣的读者可以找来读一读。另外，我的同事周光权教授在《法治日报》上开辟有"刑民（行）关系与犯罪认定"专栏，围绕着民法与刑法共同的问题，撰写了三十多篇文章，有兴趣的同学可以找来阅读。

2.5 民法与其他新兴法律部门

美国法学家罗斯科·庞德曾言："法律必须保持稳定，但又不能一成不变。因此所有的法律思想都力图协调稳定必要性与变化必要性这两种彼此冲突的要求。"① 社会在发展，不少新的问题在产生，由此也形成了一些新的法律部门。以 20 世纪为例，随着劳工保护、消费者保护、环境污染等问题凸显，为了解决这些问题，劳动法、消费者权益保护法、环境保护法等新的法律部门产生出来。这些法律部门的出现都与民法的发展密切相关。例

---

① ［美］罗斯科·庞德：《法律史解释》，邓正来译，中国法制出版社 2002 年版，第 2 页。

如，劳动法中的劳动合同就是因为传统民法中的雇佣合同无法满足调整规范大企业与劳动者的关系而产生的。仅仅依靠物权法中处理私人妨害的相邻关系制度，不能解决因工业生产排放污水、废气等污染物而造成的公害问题，故此环境保护法应运而生。

进入21世纪，网络信息科技尤其是大数据、人工智能、区块链技术飞速发展，由此也产生了平台责任、个人信息保护、数据权属、新型财产保护等问题，从而形成了个人信息保护法、电子商务法、网络法、数据法等以往没有的法律部门和领域。这些部门中的许多基本理论和规则都来自民法，如侵害个人信息的民事责任要用侵权法的理论解决；比特币、网络游戏装备以及当下时兴NFT数字艺术品等新型财产，也要在传统的物权法或财产法理论的基础上进行有针对性的研究。从这个角度来说，学好了民法，也很容易学习、研究新的法律部门，进入新的领域。

2.6 推荐阅读材料

1. 郑永流：《法学野渡：写给法学院新生》（第四版），中国人民大学出版社2022年版

这是一本写给法学院大一新生的入门书，也适合希望了解法学概况的各界人士阅读。该书对法学、法学院、法律部门、法学家、

法律学习的方法等与法学相关的知识或信息，进行了简洁又浅显的介绍，穿插了不少奇闻趣事，轻松、有趣、易读。

2. 谢怀栻：《外国民商法精要》（第三版），程啸增订，法律出版社 2014 年版

这是一部所有学习民商法的同学都应当认真、反复阅读的书。在本书中，谢怀栻先生以其极为深厚的法学功底，高屋建瓴、言简意赅地对民法的意义、近代民法的形成、近代民法到现代民法的演进、民商法的体系以及民商法的主要规则和制度进行了精辟的阐述。许多观点读来令人击节称赞。建议不仅通读本书，全书第一编"总论"部分更应反复阅读！

3. ［德］拉德布鲁赫：《法学导论》，米健译，法律出版社 2012 年版

《法学导论》是著名法学家古斯塔夫·拉德布鲁赫在《法哲学》之外最负盛名和最有成就的一本著作。拉德布鲁赫说，他努力来写的这本书，恰恰是他 30 年前作为一个未来的法律人就想要读却又没有的书，是人们有理由期待的一部入门导论。该书对国家法、私法、商法、经济法和劳动法、刑法、程序法、行政法、国际法等范围极广的法律领域进行了精辟的阐述，用布劳恩教授的话来说，在本书

中，拉德布鲁赫"是从一个站在特定事物之上的人（Mann）的角度，并且以人（Mann）的经验来阐述问题"。特别希望大家能认真阅读本书！

4. ［日］佐伯仁志、［日］道垣内弘人：《刑法与民法的对话》，于改之、张小宁译，北京大学出版社2012年版

这是日本著名的刑法教授与著名的民法教授围绕着民法、刑法共同的问题，如存款所有权、不法原因给付、非典型担保、一物二卖、占有、自救行为、人格权的保护等展开的对话，虽然是从日本法的角度进行的讨论，但是，对于我国读者了解民法和刑法的关系也非常有益，值得一读。

5. ［日］谷口安平：《程序的正义与诉讼》，王亚新、刘荣军译，中国政法大学出版社2002年版

这是日本著名法学家谷口安平的一本论文集，多数论文是民事诉讼法方面的，但有几篇论文对于程序的价值、民法和民事诉讼法的关系、权利的生成机制等进行了深入的阐述，如"程序的正义"、"民事诉讼的目的"、"诉讼法乃实体法发展之母体"以及"权利概念的生成与诉的利益"等。这些文章对于理解民法与宪法、民事程序法的关系具有意义。

第三讲

民法的体系与全貌

要想真正学好民法，必须做到"既见树木，又见森林"。也就是说，不仅要非常准确地掌握民法中的每一个概念、每一条规则与每一项制度，还要能够从宏观认识民法的体系和全貌，了解各个规则、制度的位置和相互间的关系。如果人们把民法比作一棵千年古树，那么，学习民法的人就要既了解树上的每一片叶子、每一根树枝，还要了解整个树冠形态及地下的根系部分；否则，就是盲人摸象、以偏概全。现代民法的概念众多、规则复杂、体系庞大，仅《民法典》而言，条文数就高达1 260条，近十万字。因此，了解、掌握民法的体系，识得民法的全貌，以免迷失在概念和规则的丛林中，尤为重要！

3.1 以民事法律关系为主线来认识民法体系

所谓民事法律关系，就是经由民事法律规范调整后的民事关系。民法的调整对象是平等主体的自然人、法人和非法人组织的人身关系和财产关系，这种关系就是民事关系。民事法律关系包括主体、内容和客体这三大要素，导致民事法律关系产生、变更和消灭的就是民事法律事实。从主体、内容、客体、事实这四个要素来理解民法的体系就会发现其内在的规律。

王利明教授正确地指出：我国《民法典》总则编就是以法律关系为中心来构建的，即总则编以法律关系的基本要素——主

第三讲 | 民法的体系与全貌

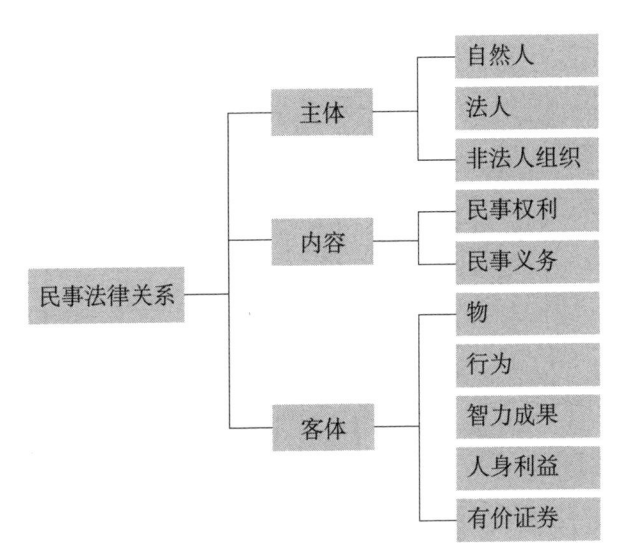

图 3-1 民事法律关系的要素

体、客体、法律行为、民事责任来富有逻辑地展开。① 这些内容是各种具体民事法律关系必须共同具备的要素，按照总则应以提取公因式的方式规定民事法律关系所共同具备的要素的原则，总则规定主体、客体、法律行为等内容，正是符合此种民法典编纂逻辑的做法。各类具体的民事权利，则在民法典的分则中加以规定，依次是物权、合同、人格权、婚姻家庭、继承等五编，最后一编是侵权责任编，旨在保护民事主体享有的各类民事权益。

---

① 王利明：《民法总则的立法思路》，载《求是学刊》2015 年第 5 期。

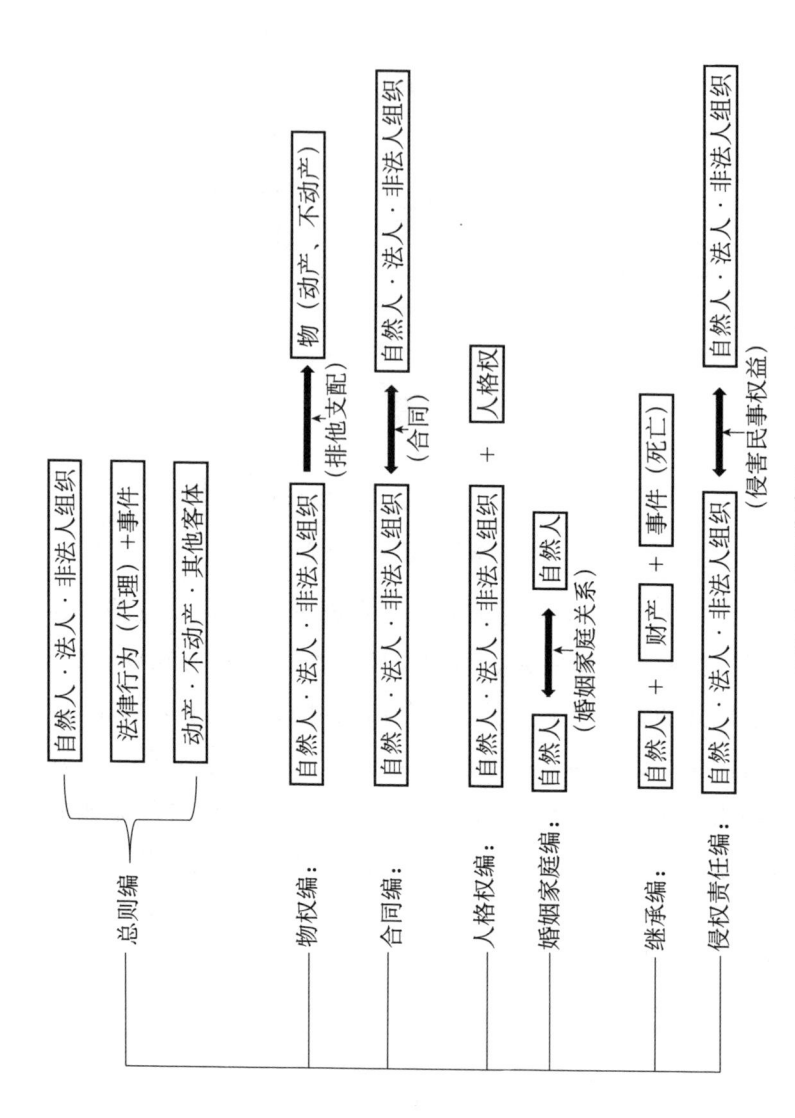

```
总则编 ┬─ 自然人・法人・非法人组织
       ├─ 法律行为（代理）+ 事件
       └─ 动产・不动产・其他客体

物权编：  自然人・法人・非法人组织  ⟶  物（动产、不动产）
                                    （排他支配）

合同编：  自然人・法人・非法人组织  ⟷  自然人・法人・非法人组织
                                     （合同）

人格权编：自然人・法人・非法人组织  +  人格权

婚姻家庭编：自然人 ⟷ 自然人
          （婚姻家庭关系）

继承编：  自然人 + 财产 + 事件（死亡）

侵权责任编：自然人・法人・非法人组织 ⟵ 自然人・法人・非法人组织
                                    （侵害民事权益）
```

图3-2 民法典体系

3.1.1 主体

法律关系的主体就是民事主体,《民法典》规定的民事主体有三类:自然人、法人和非法人组织。就自然人而言,《民法典》需要规定的就是自然人的民事权利能力和民事行为能力。当自然人不具有完全民事行为能力时,需要监护人对不完全民事行为能力人加以教育、管理和保护,故此,要规定监护制度。自然人除了生理意义上的死亡之外,还可能下落不明,此时,为了确保法律关系的稳定性,维护下落不明者和利害关系人的合法权益,需要建立宣告失踪与宣告死亡制度。至于法人,除对一些共同的规则作出规定外,还需要区分法人的不同类型——营利法人、非营利法人与特别法人而分别规定其内部机构与对外行为的效力。非法人组织也属于独立的民事主体,需要加以规定。

3.1.2 客体

民事法律关系的客体就是民事权利所指向的对象。物权的客体原则上就是有体物,即动产和不动产,如果法律规定权利作为物权客体的,依照其规定。债权是权利人请求特定义务人为或者不为一定行为的权利,其客体是行为。人格权的客体是生命、健康、身体、姓名、名誉、肖像、隐私等人格要素。知识产权的客体是智力成果，包括作品；发明、实用新型、外观设计；商标；地理标志；商业秘密；集成电路布图设计；植物新品种；等等。股权和其他投资性权利所指向的客体是有价证券。此外，随着网络信息科技的发展，数据也成为民事权利的客体。

3.1.3 内容

法律关系的内容就是民事权利和民事义务。民法主要是从民事权利的角度进行规定，包括物权、债权、人格权、身份权等，这些内容都非常详细地规定在民法典的物权编、合同编、人格权编、婚姻家庭编和继承编。随着社会发展，新型民事权利与义务也会不断发生，所以在民事特别法中要有相应的规定，如《消费者权益保护法》规定的消费者权利等。

3.1.4 事实

法律事实是指导致法律关系产生、变更或消灭的事实。这些事实可以分为两类：行为与事件。行为可以分为表示行为与非表示行为，前者分为民事法律行为和准法律行为，后者是指事实行为。

民事法律行为是最主要的法律事实，因此，《民法典》总则编的第六章对其作出了详细的规定，同时，由于不完全民事行为能力人不能参与民事活动或只能参与部分民事活动，故此，需要代理人来辅助其实施民事法律行为；即便是完全民事行为能力人，也可能在知识、经验、能力等方面存在不足，法人、非法人组织也需要通过代理人来代理其从事民事法律行为，实现自己的利益，从而更广泛地参与民事活动。故此，代理制度与民事法律行为密切关联。不过，考虑到法律条文的篇幅，《民法典》总则编用单独的一章对"代理"作出了规定。

法律事实中的准法律行为主要是催告、通知等，《民法典》在相应部分对其作出了规定。

事实行为属于非表示行为，它不是因为当事人的意思表示，而是因为符合法律规定，故此依据法律的规定直接发生相应法律效果的法律事实。事实行为分为合法的和不合法的事实行为。不合法的事实行为如侵权行为，合法的事实行为如添附、拾得遗失物等。

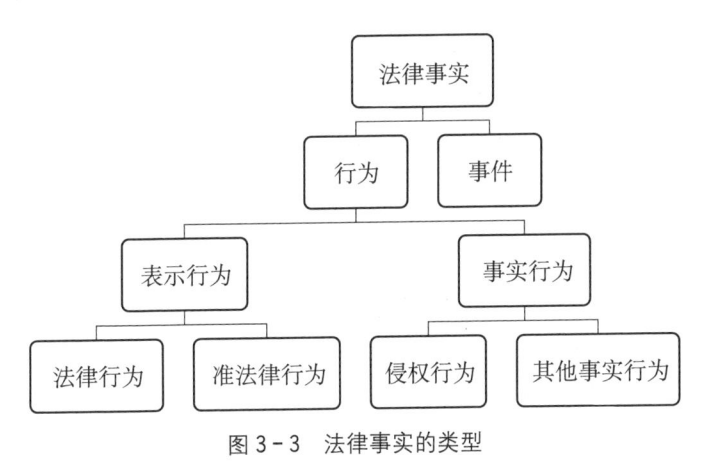

图 3-3 法律事实的类型

3.2 通过民事权利体系认识民法的全貌

著名法学家谢怀栻先生在《论民事权利体系》一文开篇就指出："民事权利是民法里带根本性的重要问题……初学民法的人，对民法中的各种权利有一个整体的认识，就比较容易了解民法的全貌。从这一点说，对初学民法的人，最好先让他了解整个民事权利体系，而不宜于把各种权利作分散的讲授。"① 诚哉斯言！民法就是民事权利法。规定各类民事权利并对之加以相应的保护，是民法的核心任务。抓住了民事权利这个核心，其他的就都很好理解。比如，自然人、法人和非法人组织是民事权利的主体，有体物和各种无形财产是民事权利的客体，民事法律行为是导致民事权利产生、变更、消灭的法律事实，侵害民事权利产生了违约责任、侵权责任等民事法律责任。

谢怀栻先生将民事权利体系分为五个大类，即人格权、亲属权、财产权、知识产权、社员权。《民法典》则将民事权利分为七大类，分别是：人格权、身份权、财产权、知识产权、继承权、股权和其他投资性权利、其他民事权利和利益。《民法典》第一编"总则"第五章"民事权利"，从第109条到第132条，对我国民事权利进行了非常详细的列举和规定，构建了一个清晰的

---

① 谢怀栻：《论民事权利体系》，载《法学研究》1996年第2期。

笔者与谢怀栻先生的合影（1998年1月27日）

民事权利体系。《民法典》第二编到第七编是分则，其中，第二编"物权"对财产权中的物权作出了规定；第三编"合同"是对因合同、无因管理、不当得利这三类原因发生的债权的规定；第四编"人格权"与第五编"婚姻家庭"分别是对人格权和身份权的规定，人格权与身份权统称"人身权"；第六编"继承"规定的是继承权。最后一编即第七编"侵权责任"规定的是侵害民事权利的侵权责任。

由此可见，掌握了民事权利体系就了解了民法的全貌，对《民法典》的内在逻辑结构也就清楚了。

表 3-1 我国的民事权利体系

人格权	身份权	财产权	知识产权	继承权	股权和其他投资性权利	其他民事权利和利益
《民法典》第四编"人格权"加以规定，包括：人身自由、人格尊严、生命权、身体权、健康权、姓名权、名称权、肖像权、名誉权、隐私权、个人信息权益等	《民法典》第五编"婚姻家庭"对身份权作出了规定	物权包括所有权、用益物权和担保物权。《民法典》第二编"物权"作出了规定。债权的发生原因包括合同、侵权行为、无因管理、不当得利以及法律规定的其他规定。《民法典》第三编"合同"作出了相应的规定	知识产权包括著作权、专利权、商标权、商业秘密权等，主要规定在《著作权法》《专利法》《商标法》《反不正当竞争法》等法律中	《民法典》第六编"继承"规定了继承权	股权、其他投资性权利，主要规定在《公司法》《证券法》《证券投资基金法》等法律中	如数据权利、网络虚拟财产权等

3.2.1 人格权

所谓人格权,是指为了维护人的尊严和自由,自然人等民事主体就其生命、身体、健康、姓名、名称、肖像、名誉、荣誉、隐私等人格要素而享有的受到法律保护的人格利益。人格权与自然人作为主体的存在和发展密切关联,是最基本、最重要的一类民事权利。对于自然人而言,人格权是其最根本的权利,其他权利都以此为基础。如果一个人不能成其为人,没有生命权、身体权、健康权和自由权等人格权,物权、债权、知识产权、股权等其他权利将无所依附。

由于人格权是民事主体最重要、最基本的民事权利,所以《民法典》总则编第五章"民事权利"将人格权列在首位。《民法典》第四编"人格权"对于一般人格权和具体人格权的内容和保护作出了详细的规定,其中,具体人格权包括生命权、身体权、健康权、姓名权、名称权、肖像权、名誉权、荣誉权、隐私权、个人信息权益等。一般人格权就是指人格尊严和人身自由,它们源自《宪法》有关基本权利的规定,随着社会的发展,自然人会产生新的应当受到保护的人格权益,就可以通过一般人格权加以保护。

3.2.2 身份权

身份权,也叫亲属权。简单地说,身份权就是基于一定的亲属关系而产生的民事权利。与人格权的不断丰富发展相反,由于

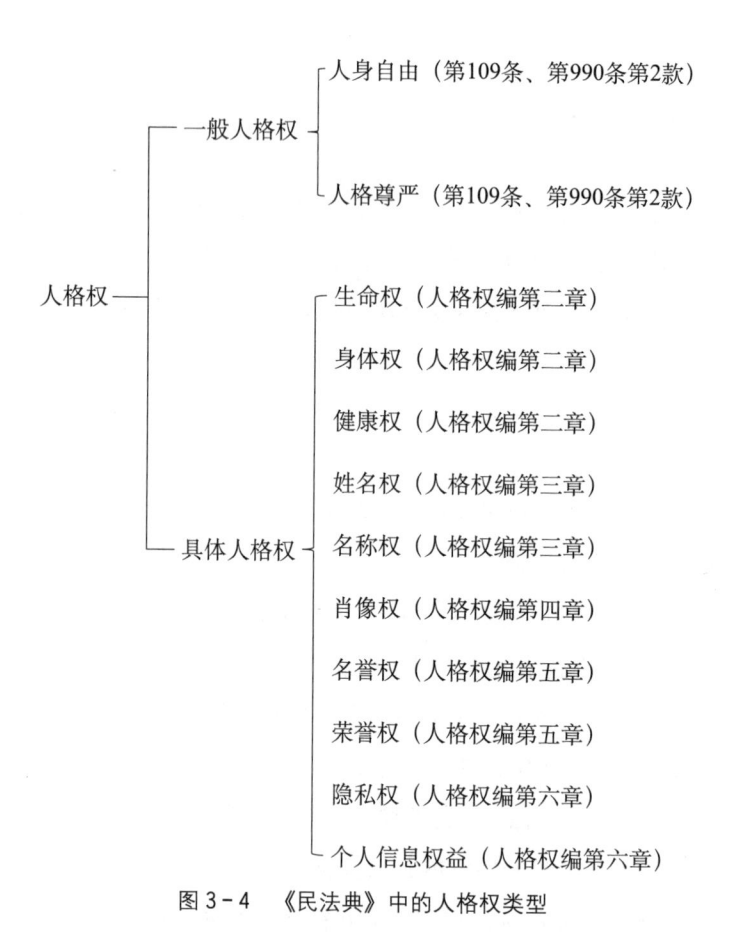

```
                              ┌─ 人身自由（第109条、第990条第2款）
              ┌─ 一般人格权 ─┤
              │               └─ 人格尊严（第109条、第990条第2款）
              │
              │               ┌─ 生命权（人格权编第二章）
              │               │
              │               ├─ 身体权（人格权编第二章）
              │               │
              │               ├─ 健康权（人格权编第二章）
              │               │
              │               ├─ 姓名权（人格权编第三章）
  人格权 ─────┤               │
              │               ├─ 名称权（人格权编第三章）
              │               │
              └─ 具体人格权 ─┤ ─ 肖像权（人格权编第四章）
                              │
                              ├─ 名誉权（人格权编第五章）
                              │
                              ├─ 荣誉权（人格权编第五章）
                              │
                              ├─ 隐私权（人格权编第六章）
                              │
                              └─ 个人信息权益（人格权编第六章）
```

图 3-4 《民法典》中的人格权类型

现代社会亲属关系的范围正在逐渐缩小，大家庭逐渐变为小家庭，所以，身份权呈现的是日益缩小的趋势。近代民法中规定的家长权、夫权等，基于法律平等以及男女平等的原则都被现代法律加以废除。

现代社会的身份关系越来越窄，仅限于婚姻家庭关系。我国民法上的身份权就是指因婚姻家庭关系而产生的权利。例如，夫妻享有的对未成年子女抚养、教育和保护的权利，缺乏劳动能力或者生活困难的父母享有要求成年子女给付赡养费的权利等。《民法典》第五编"婚姻家庭"中对于各类基于婚姻家庭关系产生的权利作出了详细的规定。

3.2.3 财产权

所谓财产权，就是指具有经济价值且具有可转让性的权利，包括物权和债权。物权，是指权利人依法对特定的物享有的直接支配和排他的权利，包括所有权、用益物权和担保物权。所有权是指所有权人依法对自己的财产享有的占有、使用、收益和处分的权利，它是最为重要的物权形式。用益物权是权利人对他人所有的不动产或者动产在一定范围内进行占有、使用和收益的权利，包括土地承包经营权、建设用地使用权、宅基地使用权、居住权、地役权。担保物权是指权利人在债务人不履行到期债务或者发生当事人约定的其他实现条件时，依法享有的就担保财产优先受偿的权利，包括抵押权、质权、留置权等。

债权，就是特定人之间一方得请求对方为一定给付的权利。债权的产生原因包括五类，分别是合同、侵权行为、无因管理、不当得利以及法律的其他规定。《民法典》没有采取德国、日本等国家民法典的五编制设立债编或债权编，而是分别规定合同编和侵权责任编，将债法总则的一些内容规定在合同编当中，同时将适用情形较少的无因管理和不当得利作为准合同，也都规定在合同编。

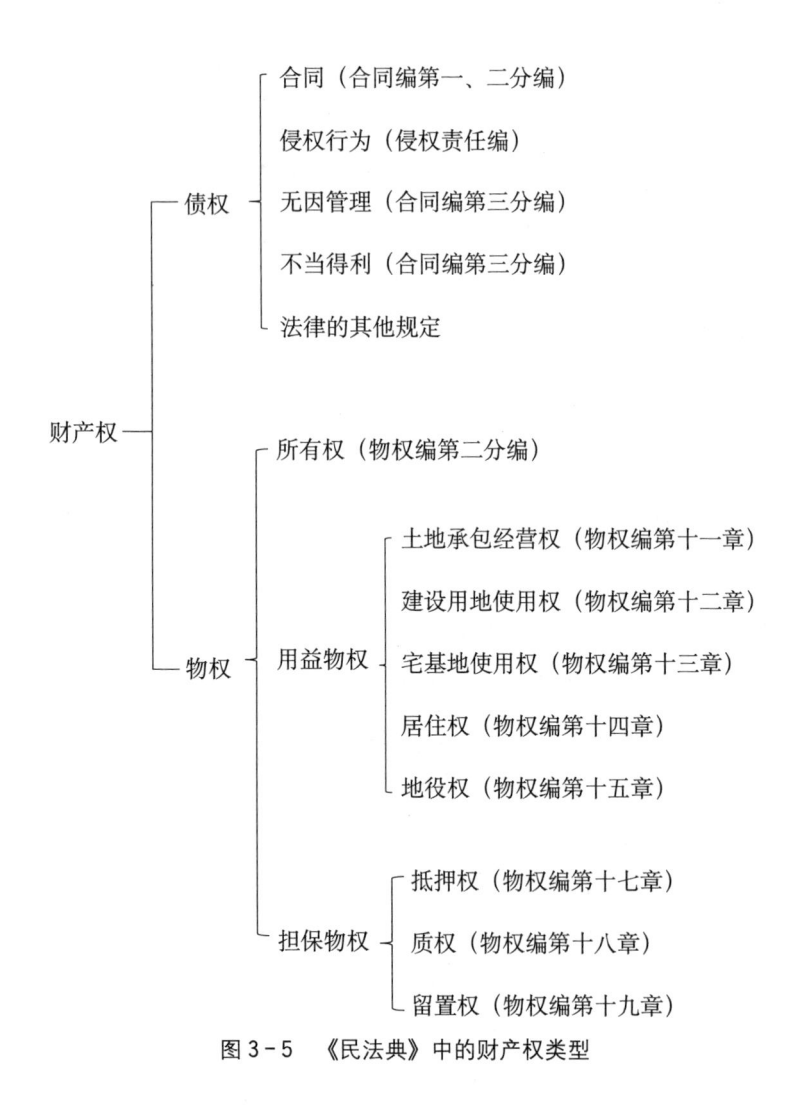

```
                    ┌─ 合同（合同编第一、二分编）
                    │
                    ├─ 侵权行为（侵权责任编）
                    │
            ┌─ 债权 ─┼─ 无因管理（合同编第三分编）
            │       │
            │       ├─ 不当得利（合同编第三分编）
            │       │
            │       └─ 法律的其他规定
            │
            │       ┌─ 所有权（物权编第二分编）
            │       │
            │       │              ┌─ 土地承包经营权（物权编第十一章）
            │       │              │
    财产权 ─┤       │              ├─ 建设用地使用权（物权编第十二章）
            │       │              │
            │       ├─ 用益物权 ───┼─ 宅基地使用权（物权编第十三章）
            │       │              │
            └─ 物权 ─┤              ├─ 居住权（物权编第十四章）
                    │              │
                    │              └─ 地役权（物权编第十五章）
                    │
                    │              ┌─ 抵押权（物权编第十七章）
                    │              │
                    └─ 担保物权 ───┼─ 质权（物权编第十八章）
                                   │
                                   └─ 留置权（物权编第十九章）
```

图 3-5 《民法典》中的财产权类型

3.2.4 知识产权

知识产权，简单地说，就是自然人等民事主体依法对自己的特定智力成果、商誉和其他特定相关客体等享有的权利。传统的知识产权主要就是著作权（版权）、专利权、商标权。但是，随着社会发展，知识产权的保护范围在不断扩大，新类型的知识产权也在相继产生，如地理标志权、商业秘密权、集成电路布图设计权、植物新品种权等。《民法典》第 123 条对知识产权采取了广义的界定，该条第 2 款通过列举知识产权客体的类型的方式，对知识产权作出了概括性规定，即知识产权是权利人依法就下列客体享有的专有的权利：（1）作品；（2）发明、实用新型、外观设计；（3）商标；（4）地理标志；（5）商业秘密；（6）集成电路布图设计；（7）植物新品种；（8）法律规定的其他客体。

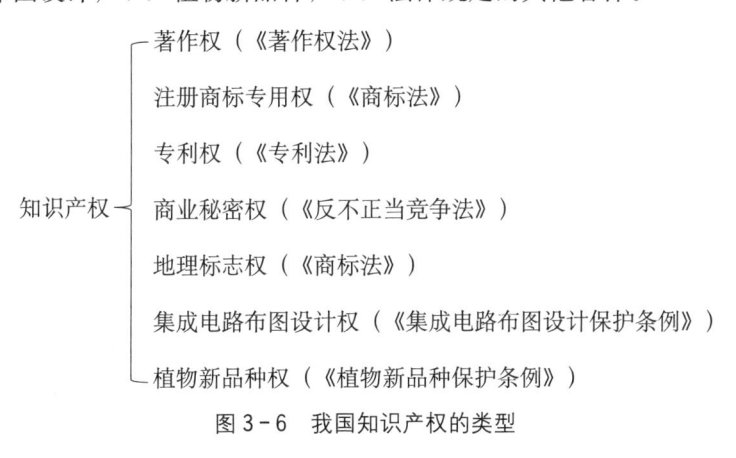

知识产权
├─ 著作权（《著作权法》）
├─ 注册商标专用权（《商标法》）
├─ 专利权（《专利法》）
├─ 商业秘密权（《反不正当竞争法》）
├─ 地理标志权（《商标法》）
├─ 集成电路布图设计权（《集成电路布图设计保护条例》）
└─ 植物新品种权（《植物新品种保护条例》）

图 3-6　我国知识产权的类型

知识产权属于民事权利，其有财产权属性，也有人格权属性，故此，理论上将其作为一类独立的民事权利。考虑到我国知识产权立法一直是采用民事特别法的立法方式，如《专利法》《商标法》《著作权法》《反不正当竞争法》等法律，以及《集成电路布图设计保护条例》《植物新品种保护条例》等行政法规。

而且，知识产权制度随着社会以及科技发展也处于不断的变动之中，故此，《民法典》没有对知识产权作出详细的规定。

3.2.5 继承权

继承权，是指自然人依法享有的继承被继承人死亡时遗留的遗产的权利。关于继承权是不是一类独立的权利，存在争论。谢怀栻先生认为，在继承开始之前，继承权只是一种期待权，可以依据继承人与被继承人的关系纳入身份权当中。如果继承已经开始，那么继承权要么属于债权（如依据遗嘱而请求交付遗赠物的请求权），要么属于物权（如遗产分割请求权、返还遗产的请求权），因此，不存在单独的一类继承权。考虑到《宪法》和此前的民事立法如《民法通则》等对继承权都作出了规定，因此，《民法典》上仍然将继承权作为一类民事权利，并在第六编"继承"中对于继承权作出了具体的规定。

3.2.6 股权和其他投资性权利

股权属于社员权的一类。所谓社员权，就是指社团的成员（即社员）基于其成员的地位而对社团享有的各种权利的综合，包括两部分：一是共益权，即参与社团营运的各种权利，如出席社团会议的权利、投票权、选举权、被选举权等；二是私益权，即社员获得相应利益分配的权利，如股息分配权、剩余财产分配权等。共益权属于非经济性权利，而私益权属于经济性权利。只要是社团，都会发生社员权。股权只是营利性社团法人，如有限责任公司、股份有限公司的股东所享有的社员权而已。

《民法典》没有对社员权作出系统的规定，而且在"法人"这一章中也没有对成员权作出规定，这不得不说是令人遗憾的。但是，对于某些社员权，《民法典》还是有一些零散的规定，如第 261 条对于农民集体成员决定的事项的规定以及第 264 条对于集体成员查阅复制权的规定，第 278 条关于业主共同决定事项的规定。所谓其他投资性权利，是指民事主体通过投资享有的权利。例如，自然人购买债券、基金、保险等进行投资而享有的民事权利。股权和其他投资性权利主要是规定在《公司法》《证券法》《证券投资基金法》《保险法》《信托法》等民事特别法即商法当中。

3.2.7 其他民事权利和利益

随着社会的发展、科技的进步，民事权利也不断发展丰富，不断出现立法者未能预见的新型民事权利和应当受保护的新型利益。因此，《民法典》通过规定"民事主体享有法律规定的其他民事权利和利益"，为将来的发展预留空间。例如，现在理论界与实务界都非常关注的数据权利的问题，网络企业等民事主体作为数据处理者针对数据究竟享有何种权利，是数据所有权、数据财产权还是数据资产权，有很多的争论。这就是随着网络信息科技的发展而产生的新型民事权利的问题。再如，个人信息中的私密信息、姓名、肖像原本分别由隐私权、姓名权、肖像权加以保护即可，但随着现代信息社会对个人信息保护的高度重视，个人信息权益已经发展成为一项非常重要的、独立的人格权益。

3.3 推荐阅读材料

1. 谢怀栻：《论民事权利体系》，载《法学研究》1996年第2期

谢怀栻先生这篇文章是笔者经常推荐给学生阅读的文章。作为功底极为深厚的民法学家，谢老在这篇文章中，高屋建瓴地对整个民事权利体系进行了通俗易懂的分析介绍，包括权利分类的方法以及各类权利的特点与难点。熟读本文，对于了解整个民事权利体系乃至民法的全貌，非常有帮助。

2. 王利明：《论〈民法典〉实施中的思维转化——从单行法思维到法典化思维》，载《中国社会科学》2022年第3期

王利明教授认为，《民法典》颁行后，无论是民法的教学研究，还是民事司法、执法，都应改变以往的单行法时代的"碎片化思维"，转向民法典时代的"体系化思维"，要从分散思维转向统一思维，从并立思维转向融贯思维。该文所论述的体系思维、统一思维与融贯思维，也正是民法维持自身独立性和纯洁性的重要方法。

第四讲

民法的课程与教科书

4.1 民法课程的设置

自1978年改革开放至今，短短四十余年，无论是我国的民事立法、司法实践，还是民法理论研究，都取得了巨大的进步。记得20世纪90年代初，笔者读大学时，民法主干课程就是一门《民法》，分为总论与分论，各上一个学期，8个学分。当时这门课程的指定教材是法律出版社1990年出版的司法部统编教材《中国民法》。该书的主编是被誉为"中国民法先生"的著名法学家佟柔教授，副主编是王利明教授和马俊驹教授，全书620页，共53.7万字。除了《民法》这门课之外，民法方面的课程不多，主要就是《经济合同法》《婚姻法》《继承法》等，实际上《经济合同法》当时被当作经济法的课程之一。那时学习民法时要适用的法律和司法解释也不多，就是《民法通则》与《最高人民法院关于贯彻执行〈中华人民共和国民法通则〉若干问题的意见（试行）》（该解释通常被简称为《民通意见》）。

谁想到仅仅几十年功夫，我国民事立法与民法理论就取得了惊人的发展，许多高校法律院系的民法课程设置得越来越丰富，以笔者任教的清华大学法学院为例，仅开设给本科生的民法课程就包括：民法总论（必修课，4学分）、债法（限选课，5学分）、物权法（限选课，4学分）、人格权法（任选课，2学分）、亲属与继承法（任选课，2学分）、侵权行为法（任选课，4学分）。

这些课程的设置基本上和《民法典》的体例是对应的,"民法总论"这门课对应的就是《民法典》的总则编;"债法"主要讲的是债法总则与合同法,对应《民法典》的合同编;"亲属与继承法"对应婚姻家庭编和继承编,因为这两编的条文较少,也不复杂,故此合并为一门课讲授。"人格权法"与"侵权行为法",分别对应《民法典》第四编人格权和第七编侵权责任。这些课程加在一起,是21个学分。以清华大学16个教学周为一学期(另有2个考试周)的标准计算,要学完上述民法课程,不含课外阅读,仅上课就要336节,以每节45分钟计,总计252个小时。倘若再加上课外阅读教科书和参考文献,以及完成老师布置的案例分析报告、课程论文等作业,花费时间就更多了。尽管如此,如果一个本科生能够在四年大学期间,认真地把这些课程全部学完,那么就基本上把民法的主要内容以及整个《民法典》学过一遍了,可以为今后的学习、研究打下非常扎实的基础。

按照教育部的规定,法学专业的核心课程一共16门,分别是:法理学、中国法制史、宪法、行政法与行政诉讼法、刑法、刑事诉讼法、民法、民事诉讼法、经济法、商法、知识产权法、国际法、国际私法、国际经济法、环境资源法、劳动与社会保障法。因此,在法学本科学习阶段,这16门课肯定是专业必修课。然而,由于民法的体系庞大、内容丰富,无法如几十年前那样在一门《民法》课中就讲完全部的内容,但从现行教学管理体制上来说,也不可能将民法总论、物权法、合同法、侵权法等民法课都设置为必修课。故此,包括清华大学法学院在内的不少高校法律院系基本上都是只将"民法总论"列为必修课,至于其他的民法课程，往往就作为限选课或任选课。显然，这种设置纯粹是因为专业核心课设置的要求而作的不得已安排，并无合理性，更不能据此就认为只要学习了"民法总论"就学完了民法。事与愿违的是，这种不得已的课程设置竟然造成了一种让人匪夷所思的现象：有些同学在学完"民法总论"课程后，充其量再选修一个"物权法"与"债法"，就不再学习其他的民法课程了。笔者在参加民商法研究生面试时，多次遇到一些同学只是学过民法总论，连物权法、侵权法都没有学过。据说，刑法研究生面试中也出现过一些学生只是学过作为必修课的《刑法总论》，而没有学过《刑法各论》的情形。显然，这种做法是完全错误的。须知，民法各个组成部分是有机统一的整体，民法典具有高度的体系性与严谨性，要了解民法全貌，掌握民法的体系，不仅要学习民法总论，更要将物权法、合同法、人格权法、婚姻家庭法、继承法以及侵权责任法等民法主干课程，逐一、认认真真地学完。

4.2 民法的教科书

4.2.1 简明教科书与体系书

根据繁简程度，民法教科书可以分为两类：简明教科书与大型教科书（即体系书）。简明教科书主要是给初学者学习民法使用的，大型教科书适合已有一定基础的学生深入学习研究使用，或者作为民法研究者的参考资料。毫无疑问,由于目标读者群体是不同的,所以这两类教科书的写法和要求也是不同的。大型教科书属于专著,与同样作为专著的学术书相比,无非后者只研究一个或两个问题,而体系书则追求系统性、体系性和深入性,要对所有的问题进行面面俱到的论述。大型教科书也要展现作者的学术观点,贯彻其学术思想。在遵循体系性要求的前提下,大型教科书的作者会就有争议的问题,尽可能充分地阐述观点,旁征博引、滔滔不绝。因此,大型教科书的体积庞大、内容丰富,有些甚至是多卷本。

在德国,有两套非常著名的民法大型教科书系列,分别由Beck出版公司和Müller出版公司出版。Beck公司的民法大型教科书系列包括拉伦茨教授的《民法总论》《债法教科书》,鲍尔与施蒂尔纳教授的《物权法》等;Müller公司的民法大型教科书系列则包括梅迪库斯教授的《民法总论》、韦斯特曼教授等的《物权法》以及埃塞尔教授等的《债法》等。这些大型教科书的规模都很大,其中,沃尔夫教授修订的2004年出版的拉伦茨教授的《民法总论》第10版一共有980多页,拉伦茨教授的《债法教科书》分为2卷共3本,第1卷是《债法总论》,第2卷是《债法各论》,分为2个分卷。这三本《债法教科书》的页码总计1 800余页。Müller公司于2010年出版的梅迪库斯教授的《民法总论》第10版有510多页,而2011年出版的韦斯特曼教授等人合著的《物权法》第8版则高达1 000多页。

我国民法学者出版的大型教科书的规模也非常庞大。例如,崔建远教授出版的物权法大型教科书——《物权:规范与学说》,

该书共上下两册，总计1 000余页。王利明教授的民法研究系列中，除了《民法总则研究》《人格权法研究》是单卷本（页码均在800页以上）外，《侵权责任法研究》与《物权法研究》都是两卷本，《合同法研究》更是多达4卷本，每卷700多页，将近3 000页。杨立新教授的一套侵权法体系书——《中国侵权责任法研究》也多达4卷，每卷500多页，总计2 000多页。

与大型教科书不同的是，简明教科书重在"简明"，即简洁明了、清晰易懂。这一点对于初学者而言，非常重要。因为，倘若给初学者写的教科书内容过于庞大、丰富、复杂，论述过于琐碎，则不利于初学者掌握最重要、最基本的概念，帮助他们构建一个清晰的知识体系，继而很容易使其迷失在细节的争论中，只见树木不见森林。笔者认为，一本好的民法简明教科书至少应当满足以下要求：（1）体系完整、内容全面。系统且依循严谨的逻辑体系将初学者需要掌握的基本概念、规则和制度进行清晰的介绍，既不枝叶蔓延或牵涉太广，也不存在内容上的缺失或者畸轻畸重的情形。（2）简洁明了、要言不烦。采取清晰易懂的语言对相关概念和理论进行介绍，不过多涉及争议问题，不纠缠细节，进行琐碎的阐述。（3）概念准确、理论权威。对概念的介绍要非常准确，所介绍的理论也是成熟的、稳定的理论，而非作者的一孔之见。即便是对于争议特别大的问题，也清晰地说明那些通行的、成熟的理论，而非故步自封、自以为是地大谈不成熟的拙见或少数人的观点。（4）结合法条、多举例子。在准确阐释《民法典》等现行民事立法的基础上，结合司法实务，通过大量的例子或案例帮助学生理解概念和理论。

第四讲 | 民法的课程与教科书

改革开放四十年来,我国的民法研究水平飞速提升,民法教科书的种类也越来越丰富,但是,真要找出完全符合上述四个标准的简明教科书,还很困难!这可能与我国民法学者还不是很重视民法简明教科书的撰写有关。市面上的简明教科书要么采取主编制,要么虽是独著却基本上是体系书的简写版。这样一来,就导致市面上的简明教科书往往存在这样或那样的问题,如详略失当,对某些于初学者意义不大的理论争议写的太多,而对权威、成熟的理论介绍太少;再如,有的教科书语言晦涩,概念不准确,甚至各个作者的观点还不一致;多数简明教科书缺少案例或例子,只是一味从一个概念、特征和构成要件到下一个概念、特征和构成要件等,非常枯燥,读来让人昏昏欲睡。显然,这种教科书的现状是不利于民法的教学研究的。

那么,是不是就不可能写出符合上述标准的民法简明教科书呢?非也!笔者认为,德国法学家汉斯·布洛克斯教授(Hans Brox)撰写的《民法总论》《债法总论》《债法各论》这三本简明民法教科书,是当之无愧的一套符合上述标准的民法简明教科书。[①] 记得十余年前笔者第一次到德国访学时,就在波恩的一家书店中见到了这一套书,后来到了奥斯纳布吕克大学欧洲法研究所后,合作导师克里斯蒂安·冯·巴尔教授也向笔者推荐了这套

---

① 笔者在中国人民大学出版社出版的《侵权责任法教程》(最新版是2020年第4版)正是受到汉斯·布洛克斯教授的三本民法简明教科书的启发,采取了与之相同的写作方法,包括每章节之前增加相应的例子,对于争议的问题则专辟"评论"区,并配以大量的图表加以说明。从市场反应来看,读者非常认可此种体例的简明教科书。

书。此后，更是看见在法学院图书馆学习的德国学生很多都在阅读这套书。在阅读布洛克斯教授这三本民法简明教科书后，笔者认为，这套书真正地做到了体系严谨而结构清晰，要言不烦又表达精确，实现了法学理论与司法实践的有机结合。无论是对于德国法学院读书的学生，还是有志于学习、了解德国民法的外国人而言，都是极为优秀的入门教材。[①] 这套教科书在2009年布洛克斯教授去世后，由他的学生瓦尔克教授（Wolf-Dietrich Walker）继续修订，其中，《民法总论》一书改由Vahlen出版公司出版，目前最新的版本是2021年第45版；《债法总论》和《债法各论》依然在Beck公司出版，目前最新的版本均为2022年第46版。我国学者已将布洛克斯教授的《民法总论》第41版翻译为中文，由中国人民大学出版社2019年出版，有兴趣的读者可以找来一读。

布洛克斯教授（Hans Brox，1920—2009）和他的《民法总论》

---

① 对汉斯·布洛克斯教授学术思想及其《民法总论》教科书的详细介绍，参见朱晓喆：《布洛克斯的〈德国民法总论〉及其法学方法论》，载《东方法学》2014年第1期。

第四讲 | 民法的课程与教科书

在我国影响很大的王泽鉴教授的民法教科书系列也是充分借鉴了布洛克斯教授的这套民法简明教科书的写法。王泽鉴教授的民法教科书系列一共有八本，即《民法思维》《民法概要》《民法总则》《民法物权》《债法原理》《不当得利》《侵权行为》《损害赔偿》。这是用中文撰写的非常优秀的一套民法简明教科书，也是学习、了解我国台湾地区"民法"的必备重要参考资料。不过，对于想要学好中国民法的学生而言，如果只看这套书，显然是不行的。据说，有些老师在给学生推荐民法教科书时说："只要把王泽鉴教授的这一套书读三遍就够了。"应当说，这种意见是欠妥的！王泽鉴先生的著作是围绕着我国台湾地区"民法"的规定而撰写的，尽管台湾地区的民法学曾经对大陆的民法制度产生了重要影响，研读王泽鉴教授的著作，固然可以很好地了解台湾地区的民法制度，却不可能借此了解大陆的民法制度。如果说以往大陆民法学界没有适当的、稳妥的民法教科书和专著，需要依靠阅读史尚宽先生的民法全书系列和王泽鉴教授的民法教科书系列，来学习掌握民法，那么历经四十多年的发展后，大陆的民法学研究与民事立法的水平早已今非昔比，越来越多的优秀的民法学专著和稳妥可靠的教科书陆续出版发行，备受读者欢迎。尤其是在《民法典》颁布后，民法学界必定会越来越重视各类教科书的撰写，相信在不久的将来必然会出现一批体系完整、内容全面、概念准确、理论权威、清晰明了、结合实务的优质民法教科书！

英美法国家的民法教科书与大陆法系国家的有所不同，它们的民法教科书基本上属于所谓"案例与材料型教科书"，如这类教科书的名称多为《合同：案例与材料》（Contracts：Cases and

Materials)、《侵权：案例与材料》（Cases and Materials on Torts)、《财产法：案例、材料与文本》(Cases，Materials and Text on Property Law）等。此类教科书的编写方法是，作者把合同法、侵权法、财产法等民法领域的重要案例、成文法的规定或重要学术论著的节选，按照一定的章节体例加以汇编，作者在每一章节前面会有导言性质的引导性论述，后面会有相关的评注或提出供讨论的问题。这种教科书的编辑方法当然与英美法系的主要法律渊源是判例息息相关，同时，此种教科书也非常适合围绕着相关判例进行讨论的教学模式。当然，英美也有不少好的教科书是完全由作者撰写的，而不是汇编的，例如，牛津大学出版社出版的《安森论合同法》（Anson's Law of Contract)、《马克西尼斯与迪肯论侵权法》（Markesinis and Deakin's Tort Law）等经典民法教科书。这些教材都属于体系书的性质，内容非常丰富，论述也较为深入。

《侵权：案例与材料》（第12版）

《安森论合同法》（第31版）

《马克西尼斯与迪肯论侵权法》（第8版）

4.2.2 如何阅读民法教科书

第一,要有耐心。教科书写的再好,也不会比小说精彩,不可能靠故事情节的曲折离奇来吸引读者。所以,读民法教科书首先要有耐心,能静下心来,坐得住,读下去。不同的教科书的作者对语言的把握能力不同,故此写出来的教科书的可读性就有差别。有些作者的语言把控能力高,文从字顺、清晰明了,读起来就轻松一些;有些作者写的佶屈聱牙、比较晦涩,要读下去,就需要更多的耐心。有些同学常常抱怨:为什么民法的教科书和民法老师不说人话,用很多稀奇古怪的名词,比如,意思表示、给付、标的物、加害行为、责任竞合、第三人代为履行、表见代理、与有过失等。其实,专业术语不仅是民法有,所有的学科都有。这些术语是在学科发展过程中逐渐产生并丰富起来的,当然,有些可能最初是从国外翻译借鉴过来的,因此,就与日常生活的用语存在不同。在英美国家,人们也认为法律英语不是英语,对非法律人士而言,等于一门外语。海德格尔曾言:"语言就是存在之家。"没有语言,存在或世界与我们毫无干系,语言建构了我们的世界,而不同的语言构建了不同的世界。所以,只有真正掌握了民法的专业术语,才可能进入民法的世界,并生活在其中。想想看,因为学习了民法,你在现实世界之外,又有一个生活的世界,难道不是一件很酷的事吗!

事物永远是两面的,有其利必有其弊。法学学科的专业术语确实导致对于非专业人士而言,许多专业术语都难以理解,法学家或律师一般来说很难与普通的老百姓去讨论法律的问题。英国小说家斯威夫特在著名的小说《格列佛游记》中犀利地嘲讽了当时的英国法律的语言,他写道:"还有一点值得注意,这帮人有只属于他们自己的行话和术语,外人是无法搞懂的,他们所有的法律条文就都用这样的术语撰写,他们还特别注意对其进行增订。依靠这些东西,他们把真和假、对和错的实质差不多全都搞混了。所以他们也许要花上三十年的时间来裁决,经六代祖传留到我手上的一块地,到底是真的属于我呢,还是属于三百英里外的一名外乡人。"

诚如德国学者魏德士教授所言,法律语言应当简单明了,这种要求无疑是合理的,但是,它不能消除现代法律制度对非法律工作者而言无法理解的现象。发达的法律制度使普通人更少有机会能够独立地获得可靠的评价或者在出现法律问题的时候,靠自己采取措施。所以采用简略的法律语言反而可能加剧法律的不可理解性。例如,声称自己已经理解了某一法律条文的人其实忽视了对任何条文的理解只能从整个法律制度的内在联系中取得,而这种透视能力必须以职业工作者的训练有素的理解能力和基本的经验为前提,而即使是法律工作者也并非完全做得到。①

第二,阅读目录。拿到民法教科书,无论是民法总论、物权法,还是合同法、侵权责任法,都应当认真阅读全书的目录,研究全书的框架结构,看看它包括哪些编章节,顺序是如何安排

---

① [德]伯恩·魏德士:《法理学》,丁晓春、吴越译,法律出版社2013年版,第98页。

的，道理何在等。同为侵权法或合同法的教科书，不同作者对编章的安排甚至编章名都会存在差异，这恰恰体现了作者对该学科理论体系的不同认识。以王利明和张新宝两位老师各自撰写的侵权责任法的简明教科书为例说明之，就很清楚了。这两本书都是在中国人民大学出版社出版的，且都是在《民法典》颁布后推出的最新版本。其中，王利明教授的《侵权责任法》（第二版）分为2编、20章。第一编"总则"，包括侵权责任概述、侵权责任法概述、归责原则、侵权责任构成要件、免责和减轻责任事由、数人侵权责任、侵权损害赔偿等七章。第二编"分则"包括监护人责任、用工责任、定作人的侵权责任、网络侵权责任等十三章。张新宝教授的《侵权责任法》（第五版）则分为5个单元、23章。其中，第一个单元"一般规定与基本原则"，包括侵权责任与侵权责任法概述、侵权责任的归责原则、一般侵权责任的构成要件、数人共同的侵权责任、民事责任竞合和法律责任聚合以及责任抗辩等六章，对应的是《民法典》侵权责任编第一章；第二单元"损害赔偿"包括人身损害赔偿、精神损害赔偿等五章，对应侵权责任编第二章；第三单位"特殊责任主体的侵权责任"对应侵权责任编第三章；第四、五单元分别为"典型侵权责任（上）""典型侵权责任（下）"，对应侵权责任编第四至十章。显然，王利明教授的教科书的第一编是对应着《民法典》第七编"侵权责任"的第一至二章，这属于总则性的规定；而第二编则是对应侵权责任编第三至十章，这是对具体的侵权责任的规定。而张新宝教授的教科书的第一个单元则并没有完全按照《民法典》侵权责任编规定的体例来写。

第三，认真读三遍。选好一本民法教科书，在上课之前，要将老师指定阅读的部分认认真真地读一遍。也就是说，要一个字都不落地读下去，即便有读不懂、不明白的地方，也不要紧。因为这一遍是要通过快速浏览来获得对相关知识整体的、初步的印象。之后，再读第二遍，这一遍需要关注基本的概念、规则和理论等要点，同时，不动笔墨不读书。鲁迅先生说，读书要眼到、口到、心到、手到、脑到。这里要特别强调的是动手。应当准备一本笔记本，多做笔记。对于第二遍阅读中的重要内容、段落以及读不懂的地方要作出标注，以便自己查找资料、解决问题，或者向老师请教。当疑难问题都解决后，要读第三遍，这一遍的主要任务是动手归纳和总结关键知识点，把书读薄，并梳理出它们之间的体系结构，尤其是要通过制作思维导图或表格等方式进行提炼概括，在复习的时候就完全可以按照这个笔记本上的要点和思维导图等进行，如此往往有事半功倍的效果。

4.3 民法总论

4.3.1 主要内容

民法总论，也叫民法总则，这是民法学习者首先接触的课程。因为民法典采取的是"总—分结构"，先总则后分则。因此，在法学院的教学安排中，必定是先安排"民法总论"，后安排

"物权法""合同法""侵权法"等民法分论的课程。但是，这种安排产生的一个很大的问题就是，由于总论的内容过于抽象，学习时往往难以理解。通过民法总论课程，要学习的主要内容包括：民法的含义与特征、民法的调整对象、民法的基本原则、民事主体（自然人、法人和非法人组织）、民事法律行为、代理、民事责任、诉讼时效等。民法本身就是高度抽象的产物，而民法总论则是抽象中的抽象。例如，"民事法律行为"这个概念，如果抽象对之进行界定，那么，民事法律行为是民事主体通过意思表示设立、变更、终止民事法律关系的行为（《民法典》第133条）。然而，现实的生活中，人们并不能见到"民事法律行为"这个东西，能够见到的只是买卖合同、租赁合同、赠与合同、合伙合同、发起人协议以及遗嘱等具体的东西。因为，民事法律行为就是对这些具体东西的抽象。所以，在学习"民法总论"课程时，初学者总是会觉得太抽象，难以理解。这就需要老师在讲授民法总论课程的时候，不断地引入一些合同法、物权法、侵权法等民法分论中的知识以及具体的合同纠纷、侵权纠纷等案例来帮助理解。

民法总论课程讲授的是民法的基本原则和一般性规则，这些原则和规则是以"提取公因式"的方式产生的，学完民法总论后，在学习合同法、物权法、侵权法等民法课程时，应当时刻回到民法总论的规定，所谓"温故而知新"。这不仅有利于新课程的学习，也能更好地理解民法总论的内容。例如，在学习物权法时，《民法典》对于物权的界定、对于物权的客体的规定以及物权法定主义原则等的规定，都不是在《民法典》的物权编，而是在总则编，即《民法典》第 114 条至第 117 条。在学习合同的订立时，所谓要约、承诺，就是民法总论中学习过的意思表示，故此，要约的生效、撤回，承诺的生效、撤回都要适用意思表示生效和撤回的规则。《民法典》第 474 条规定："要约生效的时间适用本法第一百三十七条的规定。"第 475 条规定："要约可以撤回。要约的撤回适用本法第一百四十一条的规定。"再如，学习侵权责任法中的监护人责任时，必须要重新回到民法总论中，复习学过的自然人的监护制度，才能更好地掌握监护人、被监护人的范围以及监护人的监护职责。故此，民法总论虽然难学，但只要学习者能够通过民法分论的知识来理解总论的内容，而在学习民法分论的内容时又能时刻回顾民法总论的知识，融会贯通，就一定能很好了解掌握民法的体系，从而养成民法思维中非常重要的体系思维。

4.3.2 教科书

民法总论的简明教科书中最知名、也是各高校法律院系采用率最高的可能就是梁慧星教授的《民法总论》。该书最初是司法部"九五"高校法学规划教材中的一本，第一版由法律出版社于 1996 年推出。目前，最新的版本是《民法典》颁布后作者于 2021 年 10 月推出的第六版，字数 40 万字左右。历经了二十多年的检验，总体上，该书优点

梁慧星
《民法总论》（第六版）

非常突出,如言简意赅、体系完备、篇幅适中等,很适合初学者。不足之处就是案例或例子太少,显得枯燥,与实践的结合不够。

民法总论的大型教科书的可选择面比较广。对于民法专业的硕士生和博士生而言,应当认真阅读其中的一部或多部。目前,比较具有代表性的民法总论体系书有三部,分别是:(1)王利明教授的《民法总则研究》(第三版),中国人民大学出版社2018年版;(2)李永军教授的《民法总则》,中国法制出版社2018年版;(3)朱庆育教授的《民法总论》(第二版),北京大学出版社2016年版。

王利明	李永军	朱庆育
《民法总则研究》(第三版)	《民法总则》	《民法总论》(第二版)

4.4 物权法

4.4.1 主要内容

我国曾有一部名为《中华人民共和国物权法》的法律。该法颁布前,清华、人大、北大等高校法学院的老师们就开设了物权法课程,2007年《物权法》颁布后,大部分法律院系都为本科生或研究生开设了物权法课程。编纂民法典时,《物权法》经过修改和完善后被纳入《民法典》中,成为其第二编"物权"。2003年8月,笔者从人大法学院博士毕业,到清华法学院任教,给学生讲授的第一门课程就是"物权法"。由于我是在8月份才报到的,法学院教务办早在在4月份就完成了秋季学期的排课。故此,没有排我的课程。马俊驹老师看我没课可上,为了照顾我,便将他名下的这门本科生"物权法"课程安排给我。虽然数年后我已不再讲授这门课了,但我对物权法的教学研究仍保持着持久的兴趣。

总的来说,相对于民法总论,物权法不那么抽象,因为,不少内容与现实生活有较为密切的联系,例如相邻关系、建筑物区分所有权、房屋登记、抵押等。《民法典》的物权编分为五个分编,分别是:第一分编"通则"、第二分编"所有权"、第三分编"用益物权"、第四分编"担保物权"以及第五分编"占有"。与此相对应,物权法课程以及相应的教科书,也常常分为五部分,即第一部分为物权法总论,也是基础理论部分。在这一部分,学习的内容主要包括:物和物权的概念与特征、物权法的概念与功能、物权法的基本原则、物权的变动以及物权的保护等。其中,最复杂也最重要的就是物权的变动,尤其是基于法律行为的物权变动,典型的就是通过合同进行的物权变动,如房屋买卖、动产买卖等。基于法律行为的物权变动兼跨物权法与合同法两大领域,涉及民法中静的安全与动的安全的协调。同时,还需要注意物权变动效力与合同效力的区分，不动产登记和动产交付等诸多规则和制度，尤其要好好掌握。在物权法这一部分的学习中，有一个非常重要的理论问题，就是物权行为问题。对于这个问题，中国民法学界的争论到现在也没有结束。以至于有些学校的老师根本不提物权行为，而有些学校的老师则长篇大论地给学生讲授物权行为的独立性与无因性理论。总的来说，笔者认为，不承认物权行为，不用物权行为理论来解释我国的物权变动，也没有太大的问题。尽管一些学者出于对德国法的偏爱而喜好物权行为理论，一些法官则出于法律神秘主义和推卸责任借用物权行为理论判案，但是，在不用物权行为理论也没有太大问题的前提下，不让学生学习物权行为，可以极大地节约学习成本，将宝贵的时间用在更有价值的事情上。

物权法是特别具有本土特色的法律，这一点在第二部分所有权、第三部分用益物权中体现得最明显。在所有权部分，国家所有权、集体所有权与私人所有权这一所有权的类型就鲜明地体现了中国作为社会主义国家，实行公有制的特点。至于业主的建筑物区分所有权中的车位、车库的归属，物业管理等问题更是极具中国特色。就学习难度而言，所有权部分中的共有、善意取得以及添附具有一定的理论难度，需要花费一些功夫，特别是按份共有与共同共有、动产与不动产善意取得的区别等，要重点掌握。第三部分用益物权包括了民法上的用益物权和特别法上的用益物权。民法上的用益物权就是《民法典》本身规定的五种用益物权——土地承包经营权、建设用地使用权、宅基地使用权、居住权和地役权。特别法上的用益物权也称特许物权，包括探矿权、采矿权、取水权、养殖权、海域使用权、林权等。这些用益物权极为鲜明地展现了我国作为社会主义国家,实行自然资源公有制的特点。因为土地、海域、森林、矿山等自然资源只能是公有即国家所有和集体所有,于是产生了上述用益物权,对于这些用益物权,具体规定在《民法典》之外的一些行政管理性的法律当中,如《土地管理法》《农村土地承包法》《城市房地产管理法》《海域使用管理法》《森林法》等,还有一些行政法规以及部门规章。故此,在学习用益物权时,还需要认真阅读这些法律、行政法规和部门规章。

物权法的第四部分担保物权,即抵押权、质权和留置权,这是最复杂、最活跃,也最具难度的内容,其中,尤为复杂的是抵押权和权利质权。这一部分不仅要掌握各类担保物权的具体内容,还要了解它们之间的联系和区别,尤其是发生冲突时的处理方法。这是因为在同一不动产或动产上,可能同时存在多种担保物权,如一个房屋上先后产生数个抵押权,一个动产上既有质权也有抵押权。此外,由于《民法典》还采取了所谓的实质担保观,对于那些具有担保功能的其他制度也作出了规定,如合同编中规定的所有权保留、融资租赁中出租人的取回权以及有追索权的保理等,所以,还需要掌握这些非典型的担保方式与担保物权的关系。学习担保物权时,除了看《民法典》,还要认真阅读相关的司法解释和指导案例。司法解释中目前最重要的一个就是《最高人民法院关于适用〈中华人民共和国民法典〉有关担保制度的解释》,该司法解释以问题为导向,对于公司对外担保、共同担保、保证期间、各类担保权的冲突等实践中的疑难复杂问题作出了较为具体的规定。

占有是物权法的第五部分，在德国民法中，占有作为物权法的共同性制度被规定在民法典物权编的开头，地位很重要。不过，在我国《民法典》物权编中，占有被作为最后的一个分编，规定的内容也比较少。这主要是因为，物权编只是规范了无权占有，至于有权占有，则按照合同的约定或者法律的规定。

4.4.2 教科书

物权法的简明教科书中有三本比较具有代表性，分别是：（1）王利明教授的《物权法》（第二版）（中国人民大学出版社 2021 年版）；（2）崔建远教授的《物权法》（第五版）（中国人民大学出版社 2021 年版）；（3）梁慧星教授与陈华彬教授合著的《物权法》（第七版）（法律出版社 2020 年版）。这三本书中，崔建远教授的物权法教科书的篇幅最大，为 92 万字，梁慧星和陈华彬教授的篇幅最小，只有 65 万字左右，而王利明教授的居中，为 70 万字。崔建远教授的教科书中区分了"正文"、"提示"、"引申"以及"辨析"等不同的部分，读者可以只读正文，也可在学习正文后再阅读其他部分以为更深入钻研之用，这是全书有特色的一个地方。王利明教授的物权法教科书始终围绕着我国的物权法律制度加以阐述，而梁慧星与陈华彬教授的教科书侧重于对物权法基本原理的介绍。

王利明　　　　　　梁慧星与陈华彬　　　　　崔建远
《物权法》（第二版）　《物权法》（第七版）　　《物权法》（第五版）

物权法的大型教科书中，需要关注的是两部，都是《民法典》颁布之前出版的。一是王利明教授的《物权法研究》（第四版），该书共分上、下两卷，总字数应在160万字以上，中国人民大学出版社2018年出版。《民法典》颁布后，作者应当会对该书进行修订，推出第五版。

二是崔建远教授的《物权：规范与学说——以中国物权法的解释论为中心》（第二版），该书也分为上、下两册，总字数在110万字左右，清华大学出版社2011年出版第一版。作者在《民法典》通过后进行了修订，于2021年推出了第二版。

王利明　　　　　　　　　　崔建远
《物权法研究》（第四版）（上下卷）　《物权：规范与学说》（第二版）

4.5 合同法

4.5.1 主要内容

学习合同法，与学习物权法、侵权法及人格权法的最大不同之处在于：第一点，合同法讲求意思自治即合同自由，充分尊重当事人的意思，无论是合同的主体、内容、形式还是违约责任、争议解决方式，都可以由当事人约定。只有在当事人没有约定的情况下，才适用法律的规定。因此，合同法中的很多规范都是任意性规范，而不是强行性的规则。合同法中的一般性规则就是：约定优于法定。只有当事人没有约定或约定不明时，才适用法律的规定。法律的规定是用来补充当事人的意思表示的欠缺的。这一点，只要去读《民法典》第三编"合同"中的条文就可以发现，许多条文的最后都有一句"当事人另有约定的除外"。因为当事人之间订立的合法、有效的合同，就相当于当事人之间的法律，不仅约束当事人，也约束法官和仲裁员，法官和仲裁员不能不顾当事人的约定进行裁判。所以，在解决合同纠纷案件时，一定要注意对当事人之间的合同书等文件进行分析研究，如何理解合同中的某些条款的含义往往是此类案件中争议最大的地方。

学习合同法课程需要注意的第二点是，我国《民法典》中没有债权编，也没有债法总则编，只有合同编。立法机关通过改造合同编的通则部分，使之在一定程度上发挥债权总则的作用。因此，在学习合同法时，要注意区分所学习的法律规范是仅适用于合同之债，还是适用于所有的债权债务关系。其中，一个有效的区分方法就是：看《民法典》中相应条文中的用词。凡是可以适用于所有债权债务类型的共同规则，则条文中一般使用的是"债""债权""债务"等表述，反之，如果仅适用于合同之债的，一般就只是使用"合同""合同权利""合同义务"的表述。

需要注意的第三点是，合同法律规范的适用顺序。《民法典》合同编设有三个分编，即第一分编"通则"、第二分编"典型合同"以及第三分编"准合同"。虽然学习合同法的过程是从前往后，先学习合同编通则，再学习典型合同。但是，实践中适用《民法典》合同编法律规范解决案件的过程却是相反的，即应先适用买卖、租赁、委托等典型合同的具体规定，没有规定的时候，才适用合同编通则的规定。可是，合同法奉行的是合同自由原则，只要不违背法律和行政法规的强制性规定以及公序良俗，当事人可以创设种类繁多的各种合同。《民法典》合同编中仅规定了 19 种典型合同，即便加上物权编规定的土地承包经营权合同、建设用地使用权出让合同、居住权合同、抵押合同等以及其他法律规定的合同（如《旅游法》中的旅游服务合同、《保险法》中的保险合同），也不可能涵盖经济活动中出现的各种合同。那些没有法律规定的非典型合同，包括无名合同、混合合同在发生纠纷时，如何适用合同法的法律规范，值得注意。对此，《民法典》有相应的规定，其第 467 条第 1 款规定："本法或者其他法律没有明文规定的合同，适用本编通则的规定，并可以参照适用本编或者其他法律最相类似合同的规定。"如果这些非典型合同是有偿合同的，依据《民法典》第 646 条的规定，可以参照适用买卖合同的有关规定。

合同法的内容很多，条文数量也是最多的，整个《民法典》共有 1260 条，合同编的条文多达 526 条，占了将近一半的篇幅。即便只是合同编的通则，也有 132 条。所以，即便如清华大学法学院这样将《债法》课程的学分设置为 5 个学分，也不可能全部讲完合同编的内容，基本上也就是能讲完合同编通则（合同法总论）罢了。除非有老师专门开设合同法分论或各论的课程，否则，不会讲解具体的合同。然而，实践中发生的合同案例当然都是各类具体合同甚至是无名合同、混合合同引起的纠纷，故此，在学习合同法时，不仅要重视对总论的学习，也要同样重视学习分论，认真研读合同编中典型合同的法律规范；否则，无法全面掌握合同法。

4.5.2 教科书

合同法的简明教科书中，有两本值得推荐。第一本是崔建远教授主编的《合同法》，目前已经出到第七版（法律出版社 2021 年）。该书首次出版于 1999 年，迄今二十余年，是一本很好的合同法入门教科书。不过，其不足之处在于缺少案例或例子，读来较枯燥。第二本是李永军教授独著的《合同法》（第六版），中国人民大学出版社 2021 年版，这本书第一版出版于 2005 年，到现在也历经了十八年的检验。相比前一本而言，本书属于独著的教科书，因此作者的个人风格比较突出。

崔建远
《合同法》（第七版）

李永军
《合同法》（第六版）

合同法的中型教科书中，有两部独著作品可以推荐：一是王利明教授独著的《合同法》（第二版）（上、下），中国人民大学出版社2021年版。二是崔建远教授的《合同法》（第四版），北京大学出版社2020年版。这两部合同法教科书在体系上都很全面系统，尤其是对一向容易被忽视的具体合同即合同法分则的内容也有较为体系的论述。

王利明
《合同法》（第二版）（上、下）

崔建远
《合同法》（第四版）

在合同法的大型教科书中，特别值得关注的著作有三部，分别是：（1）王利明教授的《合同法研究》（第1~4卷），中国人民大学出版社 2018 年版；（2）崔建远教授的《合同法总论》（上、中卷），中国人民大学出版社 2011 年和 2016 年依次出版；（3）韩世远教授的《合同法总论》（第四版），法律出版社 2018 年版。

上述三部著作均出版于《民法典》颁行之前。由于《民法典》合同编对合同法有相当的修改完善和增补，特别是在合同编的通则部分增加了大量的债法总则的内容，故此，上述三部著作的作者应当会对上述体系书进行大规模的修订。

韩世远
《合同法总论》

王利明《合同法研究》
（四卷本）

崔建远《合同法总论》
（上、中卷）

4.6 人格权法

4.6.1 主要内容

人格权法课程的内容主要包括三部分：第一部分是基础理论

部分，介绍人格、人格权和人格权法的概念，人格权的类型，人格权与其他权利（如人权、身份权、知识产权等）的关系，人格权的主体与客体，人格权的行使与限制等。第二部分是人格权各论，主要介绍一般人格权和具体人格权，包括人格尊严、人身自由、生命权、身体权、健康权、姓名权、名称权、肖像权、名誉权、隐私权和个人信息权益等。第三部分是人格权的保护，包括人格权请求权、人格权禁令、侵权损害赔偿责任等。

以往，不少学校是在侵权法的课程中讲授一些人格权的内容，少数学校则是在民法总论的"自然人"部分讲授，单独开设人格权课程的学校不多。笔者自 2020 年春季开始在清华大学法学院为本科生和研究生开设人格权法课程，共 32 学时。相信随着现代社会人们越来越重视人格权，人格权法的课程也会在越来越多的学校单独开设。

4.6.2 教科书

人格权法方面的简明教科书中，目前最好的是王利明教授独著的《人格权法》（第三版），中国人民大学出版社 2021 年版。

人格权法的体系书中，有以下三本值得关注，分别是：（1）王利明教授的《人格权法研究》（第三版），中国人民大学出版社 2018 年版；（2）姚辉教授的《人格

王利明
《人格权法》（第三版）

权法论》，中国人民大学出版社 2011 年版；（3）笔者的《人格权研究》，中国人民大学出版社 2022 年出版。这三本著作中，前两本都是在《民法典》颁行前出版的，后续可能会有修订。

王利明	姚辉	程啸
《人格权法研究》	《人格权法论》	《人格权研究》

4.7 婚姻家庭法与继承法

4.7.1 主要内容

婚姻家庭法课程讲授的主要内容就是结婚、家庭关系、离婚以及收养，其中较为复杂的问题就是婚姻的效力、夫妻共同财产和共同债务的认定等。

所谓继承，解决的就是自然人死亡后，其遗留的财产如何传承的问题。因此，继承法讲授的内容主要就是法定继承、遗嘱继承、遗赠和遗赠扶养协议这几类取得遗产的方式，以及遗产的管理和处置等问题。相对民法的其他部分，婚姻家庭法和继承法的内容相对较少，也较为简单。

4.7.2 教科书

婚姻家庭法与继承法方面比较经典的简明教科书有两本：一是杨大文教授与龙翼飞教授共同主编的《婚姻家庭法》，该书最新一版是依据《民法典》修订的第八版，由中国人民大学出版社于 2020 年出版。二是房绍坤、范李瑛、张洪波合著的《婚姻家庭继承法》（第七版），中国人民大学出版社 2021 年版。

杨大文与龙翼飞主编的《婚姻家庭法》（第八版）

房绍坤等《婚姻家庭继承法》（第七版）

4.8 侵权责任法

4.8.1 主要内容

我国侵权法的保护范围很广，无论是人身权益还是财产权益,无论是人格权、物权、股权、知识产权等传统的民事权益,还是虚拟财产、个人信息权益、数据权利等新型的民事权益,都受到侵权法的保护。故此,学好侵权法非常重要。侵权法不同于合同法的地方就在于,侵权法中的规范基本上都是强行性规范,是必须适用的,不会如合同法那样以当事人的约定优先。

在我国,最早提出侵权行为法与债法相分离,单独制定侵权行为法主张的是王利明教授,后来梁慧星、杨立新、张新宝等学者也都表示赞同,最后该观点被立法机关所采纳,我国的《侵权责任法》于2010年施行,民法典编纂时成为第七编"侵权责任"。侵权法单独立法以及在民法典中单独成编,很大程度上推动了我国侵权法的发展。许多高校法律院系也都单设侵权法、侵权行为法或侵权责任法这门课。这一点上倒是与英美国家的法学院单设"侵权法"(Tort Law)一样。

侵权法这门课讲授的主要内容是五个部分:第一部分是基础理论,即介绍侵权法的概念、特征、功能,侵权行为的类型及与其他法律事实的区别(如与违约行为、无因管理、不当得利),归责原则与归责事由,侵权法的保护范围等。第二部分是一般侵权行为,主要阐述适用过错责任的侵权行为的构成要件,包括加害行为、侵害与损害、因果关系和过错以及减免责任事由,其中有些要件也适用于其他的侵权行为,如因果关系。第三部分是多数人侵权责任,包括共同侵权行为与无意思联络的数人侵权。第四部分是介绍各类特殊的侵权行为的构成要件和独特之处。所谓特殊的侵权行为,主要是那些适用过错推定责任和无过错责任的侵权行为,也包括一些比较典型而立法者认为必须规定的一般侵权行为,如违反安全保障义务的侵权责任、医疗损害责任等。最后一部分是侵权责任的承担，介绍作为绝对权请求权的侵权责任的承担方式如停止侵害、排除妨碍等，重点是对侵权损害赔偿责任的介绍。

4.8.2 教科书

侵权行为法方面的简明教科书有三本可以推荐：（1）张新宝教授的《侵权责任法》（第五版），中国人民大学出版社2020年版；（2）王利明教授的《侵权责任法》（第二版），中国人民大学出版社2021年版；（3）笔者的《侵权责任法教程》（第四版），中国人民大学出版社2020年版。

张新宝《侵权责任法》（第五版）　　王利明《侵权责任法》（第二版）　　程啸《侵权责任法教程》（第四版）

侵权法的体系书中，值得注意的是三本：一是王利明教授的《侵权责任法研究》（第二版）（上下卷），中国人民大学出版社2018年版；二是杨立新教授的《中国侵权责任法研究》（第1～4卷），中国人民大学出版社2018年版；三是笔者的《侵权责任法》（第三版），法律出版社2021年版。

王利明《侵权责任法研究》（第二版）（上下卷）　　杨立新《中国侵权责任法研究》（全四卷）　　程啸《侵权责任法》（第三版）

4.9 深入阅读书单

前面推荐的民法各部分的教科书，只是最简单和最基本的。要想真正深入、扎实地掌握民法总论、合同法、物权法、侵权法等各部分的知识，还必须广泛阅读中外民法论著。现在社会上似乎比较流行列推荐书目或推荐书单。笔者此前也给自己指导的研究生列出阅读书单，并在其中区分了初级、中级和高级三类，实际上就是针对本科、硕士和博士等不同类型的学生。我国民事立法和民法学研究的发展都很快，民法专著和译著的出版非常繁荣，出了很多好书。显然，任何民法学者也不可能将每一本新出版的民法书都读完，也没有这个必要。因为在民法著作中，有必要从头至尾认真读一遍的还是少数，绝大多数都是在研究某个问题，撰写论文或专著时才需要翻阅有关的部分。

基于必要的原则，笔者列出一个民法的深入阅读书单。首先，由于是深入阅读，故而本书单主要是专著和翻译的国外民法教科书，不包括我国学者撰写的教科书和体系书，也不包括外文著作。其次，书单中的书大部分都是笔者读过的，完全是基于个人一孔之见而做的推荐，未被推荐的不见得就不是好书。最后，书后所附的星号越多，则越推荐阅读。

4.9.1 民法史

1. 叶孝信：《中国民法史》，复旦大学出版社 2021 年版

2. ［美］黄宗智：《清代的法律社会与文化：民法的表达与实践》，上海书店出版社 2001 年版★

3. 谢怀栻：《外国民商法精要》（第三版），程啸增补，法律出版社 2014 年版★★

4. ［德］安东·弗里德里希·尤斯图斯·蒂堡：《论制定一部德意志统一民法典之必要性》，傅广宇译，商务印书馆 2016 年版

5. ［德］维亚克尔：《近代私法史：以德意志的发展为观察重点》（上、下），陈爱娥等译，上海三联书店 2006 年版★

6. ［德］罗尔夫·克尼佩尔：《法律与历史——论德国民法典的形成与变迁》，朱岩译，法律出版社 2003 年版

7. ［德］霍尔斯特·海因里希·雅科布斯：《十九世纪德国民法科学与立法》，王娜译，法律出版社 2003 年版

8. ［德］奥利·贝伦茨：《〈德国民法典〉中的私法——其法典编纂史、与基本权的关系及其古典共和宪法思想基础》，吴香

香译，商务印书馆 2021 年版

9. ［美］伯纳德·施瓦茨：《美国法律史》，王军等译，中国政法大学出版社 1997 年版★

10. ［美］劳伦斯·M. 弗里德曼：《美国法律史》，苏彦新译，中国社会科学出版社 2007 年版

11. ［美］劳伦斯·M. 弗里德曼：《二十世纪美国法律史》，周大伟等译，北京大学出版社 2016 年版★★

12. ［美］莫顿·J. 霍尔茨：《美国法的变迁：1780—1860》，谢鸿飞译，中国政法大学出版社 2019 年版

13. ［德］茨威格特、克茨：《比较法总论》（上），潘汉典等译，中国法制出版社 2017 年版★★

14. ［美］小奥利弗·温德尔·霍姆斯：《普通法》，郭亮译，法律出版社 2021 年版★★

15. ［德］乌维·维瑟尔：《欧洲法律史：从古希腊到〈里斯本条约〉》，刘国良译，中央编译出版社 2016 年版

4.9.2　民法思维与方法论

1. ［德］鲁道夫·冯·耶林：《为权利而斗争》，刘权译，法律出版社 2019 年版★★

2. ［德］英格博格·普珀：《法学思维小课堂：法律人的 6 堂思维训练课》，蔡圣伟译，北京大学出版社 2011 年版★

3. ［美］沃德·法恩斯沃思：《高手：解决法律难题的 31 种思维技巧》（经典再版），丁芝华译，法律出版社 2016 年版★★

4.［德］齐佩利乌斯：《法学方法论》，金振豹译，法律出版社 2009 年版★

5.［德］伯恩·魏德士：《法理学》，丁晓春、吴越译，法律出版社 2013 年版★★

6.［德］卡尔·恩吉施：《法律思维导论》（修订版），郑永流译，法律出版社 2014 年版

7.［德］卡尔·拉伦茨：《法学方法论》（全本·第六版），黄家镇译，商务印书馆 2020 年版★★

8.［德］奥托·基尔克：《私法的社会任务：基尔克法学文选》，刘志阳等译，中国法制出版社 2017 年版

9.［德］卡尔·伦纳：《私法的制度及其社会功能》，王家国译，法律出版社 2013 年版

4.9.3 民法总论

1.［德］哈里·韦斯特曼等：《德国民法基本概念》（第 16 版），张定军等译，中国人民大学出版社 2013 年版★

2.［德］汉斯·布洛克斯、沃尔夫·迪特里希·瓦尔克：《德国民法总论》（第 41 版），张艳译，中国人民大学出版社 2019 年版★★

3.［德］本德·路特斯、阿斯特丽德·施塔德勒：《德国民法总论》（第 18 版），于馨淼等译，法律出版社 2017 年版

4.［德］迪特尔·梅迪库斯：《德国民法总论》，邵建东译，法律出版社 2002 年版★★

5. ［德］卡尔·拉伦茨：《德国民法通论》（上、下），谢怀栻等译，法律出版社 2003 年版★★

6. ［德］卡尔·拉伦茨：《法律行为解释之方法——兼论意思表示理论》，范雪飞等译，法律出版社 2003 年版

7. ［德］维尔纳·弗卢梅：《法律行为论》，迟颖译，法律出版社 2013 年版★

8. ［日］我妻荣：《新订民法总则》，于敏译，中国法制出版社 2008 年版★

9. ［日］近江幸治：《民法讲义Ⅰ民法总则》（第 6 版补订），渠涛等译，北京大学出版社 2015 年版★

10. ［日］山本敬三：《民法讲义Ⅰ总则》（第 3 版），解亘译，北京大学出版社 2012 年版★

11. 董安生：《民事法律行为》，中国人民大学出版社 2002 年版★

12. 芮沐：《民法法律行为理论之全部》，中国政法大学出版社 2003 年版★

13. 杨代雄：《法律行为论》，北京大学出版社 2021 年版

4.9.4 人格权

1. ［日］五十岚清：《人格权法》，北京大学出版社 2009 年版★

2. 王泽鉴：《人格权法：法释义学、比较法、案例研究》，北京大学出版社 2013 年版★★

3.［美］劳伦斯·莱斯格：《代码 2.0：网络空间中的法律（修订版）》，李旭、沈伟伟译，清华大学出版社 2018 年版★★

4.［英］维克托·迈尔-舍恩伯格、肯尼斯·库克耶：《大数据时代：生活、工作与思维的大变革》，盛杨燕、周涛译，浙江人民出版社 2013 年版★★

5. 谢远扬：《个人信息的私法保护》，中国法制出版社 2016 年版

6. 刘金瑞：《个人信息与权利配置——个人信息自决权的反思和出路》，法律出版社 2017 年版

7. 丁晓东：《个人信息保护：原理与实践》，法律出版社 2021 年版

4.9.5 物权法

1.［德］曼弗雷德·沃尔夫：《物权法》（第 18 版），法律出版社 2002 年版

2.［德］鲍尔、施蒂尔纳：《德国物权法》（上、下册），法律出版社 2006 年版★★

3.［日］我妻荣：《新订物权法》，罗丽译，中国法制出版社 2008 年版★

4.［日］我妻荣：《新订担保物权法》，申政武等译，中国法制出版社 2008 年版

5. 苏永钦：《寻找新民法》，北京大学出版社 2012 年版★

6. 孙宪忠：《中国物权法总论》（第四版），法律出版社 2018

年版

7. 王轶：《物权变动论》，中国人民大学出版社 2001 年版

8. 田士永：《物权行为理论研究》，中国政法大学出版社 2002 年版

9. 程啸：《不动产登记法研究》（第二版），法律出版社 2018 年版

10. 崔建远：《土地上的权利群研究》，法律出版社 2004 年版

11. 高圣平：《担保法前沿问题与判解研究》（1~5 卷），人民法院出版社 2021 年版

12. 程啸：《担保物权研究》（第二版），中国人民大学出版社 2017 年版

4.9.6　债法总则与合同法

1. ［日］我妻荣：《债权在近代法中的优越地位》，王书江等译，中国大百科全书出版社 1999 年版★★

2. ［日］我妻荣：《新订债权总论》，王燚译，中国法制出版社 2008 年版★

3. ［日］我妻荣：《债法各论》（上卷），徐慧译，中国法制出版社 2008 年版★

4. ［日］我妻荣：《债法各论》（中卷一），徐进等译，中国法制出版社 2008 年版★

5. ［日］我妻荣：《债法各论》（中卷二），周江洪译，中国法制出版社 2008 年版★

6. ［日］我妻荣：《债法各论》（下卷一），冷罗生等译，中国法制出版社 2008 年版★

7. ［德］罗歇尔德斯：《德国债法总论》（第 7 版），中国人民大学出版社 2014 年版★

8. ［美］艾伦·范斯沃思：《美国合同法》（原书第三版），葛云松等译，中国政法大学出版社 2004 年版

9. ［德］海因·克茨：《德国合同法》（第 2 版），叶玮昱、张焕然译，中国人民大学出版社 2022 年版★★

10. ［德］埃卡特·J. 布罗德：《国际统一私法协会国际商事合同通则——逐条评述》，王欣等译，法律出版社 2021 年版

11. 张玉卿：《国际货物买卖统一法：联合国国际货物销售合同公约释义》（第三版），中国商务出版社 2009 年版★

12. 邱聪智：《新订民法债编通则》，中国人民大学出版社 2003 年版

13. 王利明：《违约责任论》（修订版），中国政法大学出版社 2003 年版★

14. 韩世远：《违约损害赔偿研究》，法律出版社 1999 年版★

4.9.7　侵权与损害赔偿法

1. ［德］马克西米利安·福克斯：《德国侵权法》，齐晓琨译，法律出版社 2005 年版

2. ［德］埃尔温·多伊奇、汉斯-于尔根·阿伦斯：《德国侵

权法》(第 6 版),叶名怡、温大军译,中国人民大学出版社 2022 年版★

3. [澳]彼得·凯恩:《阿蒂亚论事故、赔偿及法律》,中国人民大学出版社 2009 年版★★

4. [澳]彼得·凯恩:《侵权法解剖》,北京大学出版社 2010 年版★

5. [美]丹·B. 多布斯:《侵权法》(上、下),马静等译,中国政法大学出版社 2014 年版

6. [奥]海尔姆特·库齐奥:《侵权责任法的基本问题》(第一卷),朱岩译,北京大学出版社 2017 年版★★

7. [瑞]海因茨·雷伊:《瑞士侵权责任法》(第四版),贺栩栩译,中国政法大学出版社 2015 年版

8. [英]H. L. A. 哈特、托尼·奥诺尔:《法律中的因果关系》(第二版),张绍谦、孙战国译,中国政法大学出版社 2005 年版

9. [美]约翰·法比安·维特:《事故共和国:残疾的工人、贫穷的寡妇与美国法的重构》,田雷译,上海三联书店 2008 年版

10. 王利明:《侵权行为法归责原则研究》(修订第二版),中国政法大学出版社 2004 年版★

11. 邱聪智:《从侵权行为规则原理之变动论危险责任之构成》,中国人民大学出版社 2006 年版

12. 曾世雄:《损害赔偿法原理》,中国政法大学出版社 2001 年版★

13. 王泽鉴:《损害赔偿》,北京大学出版社 2017 年版★

4.9.8 民法经济学分析

1. ［德］汉斯-贝恩德·舍费尔等：《民法的经济分析》（第四版），法律出版社 2009 年版★

2. ［美］罗伯特·考特、托马斯·尤伦：《法和经济学》（第 6 版），格致出版社 2012 年版★★

3. ［美］斯蒂文·沙维尔：《法律经济分析的基础理论》，中国人民大学出版社 2013 年版

4. ［美］波斯纳：《法律的经济分析》（第七版），蒋兆康译，法律出版社 2012 年版

5. ［美］卡拉布雷西：《事故的成本》，北京大学出版社 2008 年版★

6. ［美］兰德斯、波斯纳：《侵权法的经济结构》，北京大学出版社 2005 年版

第五讲

学习民法的基本方法

工欲善其事，必先利其器。学习任何知识，如果有一套行之有效的学习方法，则可事半功倍；否则，不仅事倍功半；甚至可能因此失去对所学知识的兴趣。学习不同的知识，方法并不相同。即便学习相同的内容，人和人也有差异，适合张三的方法未必适合李四。汉语中的"萝卜白菜各有所爱"，英谚中的"one man's meat is another man's poison"，就是这个意思。不过，任何学习方法还是有一些共通的地方，或者说，都应当遵循一定的规律，例如，要有决心和坚强的意志力，能够吃苦，下苦功夫。所谓"不积跬步，无以至千里；不积小流，无以成江海"。曾国藩针对他的弟弟老是强调外界环境不利于读书的问题，就曾明确指出主观意志力的重要性，否则，无论如何是学不好的。他说："苟能发奋自立，则家塾可读书，即旷野之地、热闹之场，亦可读书，负薪牧豕，皆可读书。苟不能发奋自立，则家塾不宜读书，即清净之乡、神仙之境，皆不能读书。何必择地，何必择时，但自问立志之真不真耳。"

读书学习还要有一定的规划，要循序渐进，宽着期限，紧着课程。朱熹说："为学之道，莫先于穷理；穷理之要，必在于读书。读书之法，莫贵于循序而致精；而致精之本，则又在于居敬而持志；此不易之理也。"又说："循序而渐进，熟读深思可也。"曾国藩是朱熹读书法的服膺者，他在道光二十二年九月十八日写给几位老弟的信中言道："予思朱子言，为学譬如熬肉，先需用猛火煮，然后用慢火温。予生平工夫全未用猛火煮过，虽略有见识，乃是从悟境得来。偶用功，亦不过优游玩索已耳。如未沸之汤，遽用慢火温之，将愈煮愈不熟矣。以是急思搬进城内，摒除一切,从事于克己之学。"

这些读书学习中的一般规律和方法不是本讲介绍的重点,本讲主要是针对民法的学习而提出专门的学习方法上的建议。笔者认为,学习民法要遵守三条基本规则:一是,掌握基本概念与理论;二是,认真研读法条;三是,多分析案例。任何想学好民法的人,都要做到在理论(教材论著)、法条(法律规范)与案例(法律实践)三者间的循环往复。只有掌握好基本概念和理论,掌握正确的理论知识,夯实功底,才能真正理解法律规范,读懂法条,继而正确地依据法律规定,运用所学的理论,分析解决案例或实践中的问题;民法学习时刻离不开法条,不可能脱离法条去学习民法理论。《民法典》颁行后的民法学主要就是民法解释学,是对《民法典》正确地阐释而形成的理论体系。只懂民法理论,不知道法律条文,不可能分析案例、解决纠纷。这就像医生学了一堆医学知识,却不了解有什么药、这些药治什么病、功效如何,又怎么可能去为病人治病呢?同样,学习民法时,不多阅读案例,多分析案例,就无法做到学以致用,没有实现理论与实践的紧密结合,更不能通过实践来检验所学的理论扎实与否,对法条的理解与运用正确与否。

如果基本概念和理论掌握得不扎实,摇摇晃晃的,就不可能真正读懂法律条文,理解规范目的。法律条文都读不明白,更不知道如何适用,怎么可能分析案例、解决纠纷?倘若学习理论时,不阅读法律条文,更不研读、分析案例与判决,也许说起理论来头头是道,可一旦碰到具体的问题,分析特定的案件,就茫

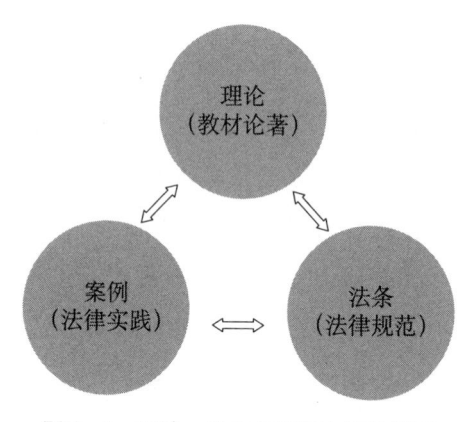

图 5-1 理论、法条与案例之间的关系

然无措,不知如何下手。那即便读了再多的书,也只是如赵括那样纸上谈兵,一到实战,立即土崩瓦解、一败涂地。

5.1 掌握基本概念与理论

5.1.1 应当学习正统、稳妥的民法理论

如果说民法学的全部知识体系就像一幢楼的话,那么,每个概念就是一块块砖,粘着砖头的水泥就是一项项民法的规则和制度。不掌握好概念、规则和制度,就不可能掌握整个民法的知识体系。七拼八凑起来的房子,必然是摇摇晃晃、不堪一击的。民法中的概念、规则、制度以及理论很多,每个民法部门都有不少。以本科生上的第一门民法课程——《民法总论》为例,从规

则和制度层面来说，需要学习的内容至少包括：民法的调整对象、民法的法源、民事法律规范的适用、民法的基本原则、民事主体制度、民事法律行为制度、代理制度、民事责任制度、诉讼时效与期间。要掌握的基本概念包括：民法、人身关系、财产关系、公平原则、平等原则、诚信原则、公序良俗原则、民事法律关系的客体、民事法律事实、事件、行为、表示行为、事实行为、民事法律行为、意思表示、行为意思、表示意思、目的意思、效果意思、明示、默示、撤回、撤销、无效民事法律行为、可撤销民事法律行为、效力未定的民事法律行为、条件、解除条件、生效条件、积极条件、消极条件、附期限、代理、代表、代理权、代理人、被代理人、委托代理、法定代理、直接代理、间接代理、本代理、复代理、单独代理、共同代理、无权代理、表见代理、自然人、民事权利能力、民事行为能力、监护人、被监护人、监护职责、法定监护、遗嘱监护、协议监护、指定监护、国家监护、意定监护、宣告失踪、宣告死亡、法人、法定代表人、越权代表行为、营利法人、非营利法人、特别法人、有限责任公司、股份有限公司、机关法人、事业单位法人、社会团体法人、捐助法人、非法人组织、个人独资企业、合伙企业、民事责任、按份责任、连带责任、责任竞合、责任聚合、不可抗力、正当防卫、紧急避险、诉讼时效、除斥期间、诉讼时效的中止、诉讼时效的中断等。

以上只是就《民法总论》中的基本概念的一个列举，非常粗略，并不全面，但看上去就很多了。如果再加上《物权法》《合同法》《人格权法》《婚姻家庭法》《继承法》《侵权责任法》等课程中要学习的概念、规则与制度，数量就更多了。面对如此众多的概念和规则，想真正吃透它们并牢固掌握，并不容易。

记得二十多年前，笔者在人大法学院读民商法研究生时，曾就民法学习方法的问题求教于著名法学家谢怀栻先生。谢老特别明确地指出：本科阶段学习基础知识非常重要。就民法而言，一定要在开始的阶段就把基本概念、基本理论掌握好。但是，在民法上一些越是基础的理论，越是不容易弄懂。所以，谢老认为，"一定要有高深的老师去教本科生。因为在基础知识的学习中，老师不用去教学生很广泛的知识，但一定要讲很成熟的道理、定型的理论。同时，一定要让学生去读比较正统的、比较稳妥可靠的民法教科书，抓住一两本好好学。"王泽鉴教授在《民法思维》一书中写道：如果将学习法律比作"练功"，则法律概念，犹如练功的基本工作，必须按部就班，稳扎稳打，切实掌握。一个练功者如果没有踏实的基本动作，临阵之际，破绽百出，暴露死角，必遭败绩。

王泽鉴教授在清华大学法学院讲演（2017年4月20日）

第五讲 | 学习民法的基本方法

笔者在清华大学法学院任教二十年来，对谢怀栻先生和王泽鉴教授的上述观点，有着越来越深刻的体会。教学不同于科研。在给本科生上《民法总论》《物权法》《合同法》等民法的基础课时，必须采取讲授课（德国人所谓的 Vorlesung）的形式，绝不能直接就采取研讨课（Seminar）的方式。这是因为，本科生对于民法的基本概念和理论还都没有搞清楚，根本就没办法去研讨，这个阶段让他们研讨就等于让他们自学，纯属教师偷懒的做法。而且，即便是讲授课，给本科生的讲授课也不同于为研究生开设的专题课。给本科生讲授时必须始终讲授基础性知识，注意知识的体系性、系统性，一定要系统地、成体系地将相关知识讲授完毕，简单地说就是要遵守起码的教学大纲的要求。绝不能仅仅因为授课老师自己对某一或某些内容有过较深入的研究，发表过论文或著作，就花费过多的时间去讲授这些内容，导致授课内容安排上出现畸轻畸重的现象。有些老师给本科同学讲民法总论，整个学期一大半时间在讲民法的基本原则，到最后没有时间了，民事主体、民事法律行为、代理等内容就草草收场；还有些老师讲物权法的一大半时间都在讲物权行为，尤其是讲德国法上的物权行为理论的来龙去脉。这些授课方式作为专题研讨或者讲座当然是可以的，但给本科生这样讲课，就没有考虑到授课的系统性的要求。

诚如谢老所言，给本科同学上课，应当讲授正统的、稳妥可靠的理论，不能给他们讲太多学说上的各种争议，什么甲说、乙说、丙说之类的。这些五花八门的观点表面上似乎让学生开阔了眼界，但会让他们眼花缭乱，直至无所适从，有可能为了省事，就随便接受一个容易记住的理论，而这很可能就是不成熟甚至错误的理论。因此，学生要学习正统、稳妥的理论，教师授课时也一定要让学生掌握正统、稳妥可靠的理论。即便是民法学上争论很激烈的问题，也应当先让他们了解通说即多数说。德文中的"通说"一词为"herrschende Meinung"，字面意思就是"占支配地位的意见"。在我国，通说应当是指理论界和实务界中的多数人就《民法典》所构成的民事法律规范体系中的某个问题所采纳的观点。①

有人可能会问，怎么判断哪些观点是通说？是梁慧星、王利明、孙宪忠、崔建远等著名学者的观点呢，还是全国人大常委会法工委释义书中的看法，抑或最高人民法院某些判决的裁判要旨中的意见？确实，民法中的一些问题如是否承认物权行为的问题，一直以来就是有争议的，权威学者之间也有不同的看法，最高人民法院的判决也常常互相矛盾，没有达成共识。因为这种问题属于解释的问题，可以一直争论下去。但是，民法中的大多数概念和理论，是存在共识的，法律和司法解释也有明确的规定。况且，即便是一直存在争议的问题，也应先让学生了解现行法的规定，或者权威学者们的见解。

尼尔·波斯曼曾言："几乎没有什么实验能够揭示社会科学理论的谬误。社会科学方法的地位因此而受到进一步的削弱。显然，社会科学理论的消亡是由于它们使人厌倦，而不是因为它们被批驳为荒谬。"② 法学是社会科学，民法理论界的各种观点无法

---

① 关于法学通说的详细讨论，参见黄卉：《法学通说与法学方法：基于法条主义的立场》，中国法制出版社2015年版，第3-79页。

② [美]尼尔·波斯曼：《技术垄断：文化向技术投降》，何道宽译，中信出版集团2019年版，第166页。

通过实验来证伪。随着时代的发展和变化，多数说和少数说的地位也会相互转换，彼时的多数说，此时就成了少数说，甚至被抛弃，反之亦然。总之，为了培养合格的法律人，法学院的教师有义务首先将当下成熟的、定型的理论教授给学生，打好他（她）的基础，使其今后能够更进一步地、更深入地去研究。那些在课堂上充满进取心的教师当然可以讲个人的观点，但无论如何，总以先让学生了解通说或者主流的观点为要。

5.1.2 学好基本概念的方法

学习民法的基本概念和理论时，一本准确稳妥的教科书是必不可少的。即便是没有水平高深且讲课艺术很高的老师，而是完全自学，倘若能够有一本准确稳妥的教科书，也可以让学生少走很多弯路。所谓准确稳妥的教科书，是指该书对于各种概念、规则和制度的界定与论述是严谨、准确且全面的，介绍的理论属于学界的通说。如果作者的文风清晰、容易理解，就更好了。德国学者马丁内克教授在谈到拉伦茨教授撰写的德国民法经典教科书——《民法总论》时，这样写道："拉伦茨在教科书上的成就首先应归功于他写作的文风。他的作品文风清晰而且容易理解，用以描述其思想的语言十分清晰。因此他的书具有内在联系，便于阅读和理解，对相关材料有生动介绍。这种流畅的文风标志着拉伦茨完全掌握了材料，很容易就将本来极端复杂但又相互联系的内容的结构以清晰、易于理解和生动的方式描述出来，将复杂的基本思想表述为清晰和便于理解的形式。"① 毫无疑问，有了这种既准确稳妥、又清晰易懂的教科书，我们学习民法起来，自然事半功倍；此时，就应当集中精力，反复认真研读该书，把它真正地吃透、搞懂，扎实掌握里面的每一个基本概念和理论。

卡尔·拉伦茨
《民法总论》（第9版）

卡尔·拉伦茨
(Karl Larenz, 1903—1993)

笔者认为，为了掌握民法的基本概念和理论，有以下三种学习方法可供同学们参考使用，即核心要素法、比较辨析法以及体系思维法。

1. 核心要素记忆法

也就是说，要掌握一个概念的定义中最核心的要素、最关键的东西，而且一定要准确掌握专业术语的表达。民法中概念的界定有两类：一是法定定义，即法律对一些概念直接作了界定，下了定义。法定定义有利于减少争议，明确法律的调整范围和规范

---

① ［德］米夏埃尔·马丁内克：《德意志法学之光：巨匠与杰作》，田士永译，法律出版社2016年版，第272页。

目的。因此，在有法定定义的时候，我国很多教科书和著作也都愿意直接使用。例如，《民法典》第57条规定："法人是具有民事权利能力和民事行为能力，依法独立享有民事权利和承担民事义务的组织。"第133条规定："民事法律行为是民事主体通过意思表示设立、变更、终止民事法律关系的行为。"第464条第1款规定："合同是民事主体之间设立、变更、终止民事法律关系的协议。"再如，《个人信息保护法》第4条第1款将个人信息界定为"个人信息是以电子或者其他方式记录的与已识别或者可识别的自然人有关的各种信息，不包括匿名化处理后的信息"。第73条分别对个人信息处理者、自动化决策、去标识化以及匿名化这四个重要的概念进行了定义。

对于法定定义，同学们最好能够完整地、一字不差地背诵下来，牢牢记住。如果不能全部记住，也一定要记住里面的核心要素。以《民法典》第133条对"民事法律行为"这一重要概念的界定可知，其最核心的要素是两个，即"意思表示"与"民事法律关系"。之所以这两个是核心要素，原因在于：一方面，自然人、法人等民事主体在社会生活中从事各种活动和行为，但并非所有的行为都是民事法律行为。只有以设立、变更、终止民事法律关系为目的的行为才是民事法律行为。也就是说，该行为的最终目的是要让民事主体享有民事权利、承担民事义务。另一方面，能够让民事法律关系产生、变更或终止的法律事实很多，但是，只有民事主体通过意思表示来使民事法律关系产生、变更或终止的法律事实才属于民事法律行为。意思表示属于民事法律行为最核心的要素，没有意思表示或者说不是通过意思表示来使民事法律关系产生、变更、消灭的事实,都不可能是民事法律行为,而是事实行为、事件等其他法律事实。

二是学说定义。显然,《民法典》以及其他法律不可能对所有的概念都下定义。大多数情况下,民法上的概念都是学者进行定义的,属于学说定义。学者在界定同一个概念时,除非存在重大的理论争议,通常大部分定义的差异只是体现在文字表述上,核心要素基本上都是相同的。故此,在学习学说定义时,采取核心要素记忆法更加有利。例如,对"代理"这个概念,梁慧星教授的定义为:"法律上所称代理,指一人代另一人为法律行为,其所产生的法律效果直接归属于所代的另一人。"王利明教授的定义为:"代理是指代理人以被代理人名义实施的、其法律效果直接归属于被代理人的行为。"李永军教授的定义为:"代理是指一人在法定或者约定的权限内,以他人的名义为法律行为,而法律行为的结果却归属于该他人的行为。"朱庆育教授的定义为:"代理的要旨在于行为人以被代理人名义实施法律行为,法律效果直接归属于被代理人。"从上述定义可以看出,共同的地方在于:其一,强调以他人的名义即以被代理人的名义;其二,行为人即代理人所从事的是法律行为;其三,法律效果直接归属于被代理人。在记忆代理的概念时,重要的就是掌握这些核心的要素。

2. 比较辨析记忆法

这是通过对相互关联的概念进行比较,加以辨析,从而掌握这些概念之间的联系和区别。学习民法时,时常会遇到各种容易混淆或者关系密切的概念或规则,例如,强制性规范与任意性规范、意思表示的撤回与撤销、意思表示与法律行为、法律行为与

第五讲 | 学习民法的基本方法

事实行为、法律行为与情谊行为、多方法律行为与决议行为、处分行为与负担行为、真意保留与通谋虚伪行为、代理与代表、越权代表与无权代理、合同的成立与生效、诺成合同与要物合同、预期违约与不安抗辩、赠与与遗赠、连带保证与债务加入、同时履行抗辩权与留置权、按份共有与共同共有、抵押权与质权、肖像权与肖像作品著作权、隐私权与个人信息权益、自甘冒险与过失相抵、受害人同意与受害人故意等。

无论理论界对于一些问题的争论，还是律师、法官或仲裁员处理民事纠纷，抑或同学们参加法律职业资格考试等各类考试做题，之所以会犯错误，往往就是基本概念没有掌握牢固，有关系的概念没有辨析清楚，似是而非。记得当年笔者报考人大法学院民法研究生时，民法试卷中的三种题型，分别就是概念辨析题、简答题和论述题。概念辨析题大约是四对概念，至今笔者仍记得考过的一对概念——"相邻权与地役权"。所谓相邻权就是指相邻关系，相邻关系不是一种独立的物权类型，而是法律基于私益协调而对不动产物权作出的某种延伸或限制。申言之，相邻的不动产上的权利人在对不动产进行占有、使用、收益或处分时，相互给予对方便利或对一方权利加以限制而对他方权利予以延伸，由此形成的权利义务关系。地役权则不同，它是一类独立的物权，属于用益物权的一种，是指不动产的所有权人或使用权人为了便利地利用不动产，通过法律行为设立或取得的对他人的不动产加以利用，从而提高自己不动产的效益的权利。

二十多年前的时候，我国还没有物权法，《民法通则》中规定了相邻关系，但没有规定地役权。地役权的概念只是在物权法理论中存在。因此，教科书上也不会专门去比较地役权与相邻关系的异同，学生在学习的时候很容易搞混。现在我国《民法典》对于相邻关系和地役权都有规定，其中，《民法典》物权编第二分编"所有权"规定了相邻关系，第三分编"用益物权"规定了地役权。一些教科书中也会对二者加以比较。例如，在王利明教授、杨立新教授、王轶教授与笔者合著的《民法学》（第六版）（法律出版社2020年版）中，就专门对地役权和相邻关系的区别作出了比较，指出它们在性质、产生的根据、法律效力、适用范围、有偿性以及期限等六个方面的差别。同学们在学习的时候，亦应如此。即便是教科书中没有专门归纳，也要通过列表或画图的方法，对关联概念的联系和区别进行比较，从而加深理解，达到牢固掌握的程度。

3. 体系思维记忆法

学习民法，不仅要掌握一个个概念的核心要素，一对对概念的联系和区别，还要清楚每个概念在规则制度的体系中的地位，从宏观的角度加以理解认识，真正做到既见树木，又见森林。韩昌黎有诗云："天街小雨润如酥，草色遥看近却无。"苏东坡诗云："横看成岭侧成峰，远近高低各不同。不识庐山真面目，只缘身在此山中。"这都是说，人看待一个事物，要从不同的角度或维度加以思考，既要远观，也要近赏；既要深入其中，也要跳到其外。无论是学习民法总论、合同法，还是物权法、侵权法，不仅需要了解其中的每个概念和每项规则的含义，更要掌握它们在民法典乃至整个民事法律规范体系中的位置，从体系的角度来看每一个民法的基本概念。

第五讲 | 学习民法的基本方法

以往我国没有民法典，民事基本法律都是一部部的单行法，如《合同法》《物权法》《侵权责任法》《民法总则》，就像一个个土豆，被装在叫作"民法"这个大口袋之中。受此影响，许多同学在学习的时候，甚至不少老师讲课时，往往只是注意相应的概念在各自单行法中的体系位置，而缺乏整体的体系思维。王利明教授认为："在单行法时代，单行法的分散立法模式和自给自足的特点，易于使法律人形成一种碎片化思维，这种碎片化思维的一个鲜明体现就是：面对法律纠纷，法律人的思维往往局限于某一单行法。例如，合同纠纷就仅仅局限于合同法，就合同谈合同，侵权纠纷则仅仅局限于侵权法，就侵权谈侵权，而往往忽略了一个简单的合同纠纷可能涉及物权、侵权以及其他法律领域。这种思维方式显然具有片面性。"[①] 因此，在学习民法的时候，不仅要将一个概念放在民法典当中，而且要将其放在整个民事法律规范体系乃至整个法律体系中加以认识。例如，在了解合同的概念时，不应当局限于《民法典》合同编的通则部分，而应当向上和向下，看其在整个民法体系中的位置。"合同"的上位概念是民事法律行为中的双方法律行为，而向下就是"单务合同"与"双务合同"，双务合同中最典型的又是"买卖合同"。如此一来，一个概念就不是孤立存在的，而是与上面的种概念，下面的属概念，相互连接起来，形成一个树形结构，体系的思维也由此形成。否则，只是就合同编的通则来看待合同，即不考虑向上的民事法律

[①] 王利明：《论〈民法典〉实施中的思维转化——从单行法思维到法典化思维》，载《中国社会科学》2022年第3期。

行为，也不考虑向下的双务合同，就属于"碎片化的思维"。

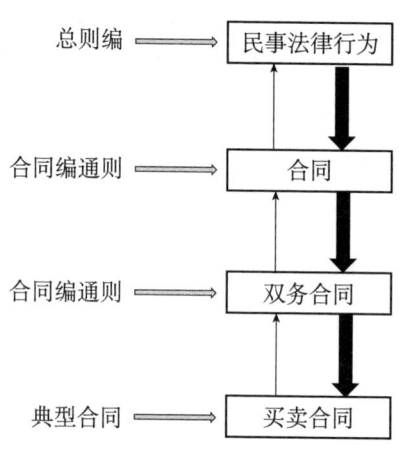

```
总则编    ──→  ┌─────────────┐
              │ 民事法律行为 │
              └─────────────┘
                     ↕ ⬇
合同编通则 ──→  ┌─────────────┐
              │    合同     │
              └─────────────┘
                     ↕ ⬇
合同编通则 ──→  ┌─────────────┐
              │  双务合同   │
              └─────────────┘
                     ↕ ⬇
典型合同  ──→  ┌─────────────┐
              │  买卖合同   │
              └─────────────┘
```

图5-2 合同在民法体系中的位置

以体系化思维来学习民法中的基本概念，也意味着在理解民法尤其是《民法典》中的概念时，要遵循"相同概念同一解释的规则"。诚如王利明教授所言：在我国《民法典》颁行后，应当从碎片化思维转向体系化思维，需要体系化地看待法律，尤其是要确保概念的一致性，即法典所使用的法律概念是一以贯之的。尽管某一概念在不同的上下文语境中其表述可能存在差别，或者具有不同的指向，但是，从基本方面来看，其内容具有相对的稳定性和确定的内核，同一概念在不同的语境下不存在相互冲突的现象。这就是所谓的"相同概念同一解释"的规则。① 例如，就各种法律关系中的主体，《民法典》中就以不同的概念来加以表

---

① 王利明：《论〈民法典〉实施中的思维转化——从单行法思维到法典化思维》，载《中国社会科学》2022年第3期。

述，包括"民事主体""当事人""相对人""善意相对人""利害关系人""第三人""善意第三人""行为人""违约方""债务人""债权人""侵权人""被侵权人"，等等，这些概念各自的含义以及相互之间的关系等，需要认真掌握并仔细辨析。

以"第三人"这个概念为例，它在《民法典》的总则、物权、合同以及侵权责任等编中出现过多次。在总则编，如第三人实施欺诈行为，第149条规定："第三人实施欺诈行为，使一方在违背真实意思的情况下实施的民事法律行为，对方知道或者应当知道该欺诈行为的，受欺诈方有权请求人民法院或者仲裁机构予以撤销。"在物权编，如指示交付中的第三人，第227条规定："动产物权设立和转让前，第三人占有该动产的，负有交付义务的人可以通过转让请求第三人返还原物的权利代替交付。"在合同编，如第三人代为履行，第523条规定："当事人约定由第三人向债权人履行债务，第三人不履行债务或者履行债务不符合约定的，债务人应当向债权人承担违约责任。"在侵权责任编，如第三人造成损害的情形，第1175条规定："损害是因第三人造成的，第三人应当承担侵权责任。"在上述四个《民法典》的条文中都有"第三人"的概念，它们都是指某一法律关系之外的主体，这是共同点；不同点在于法律关系的类型有所不同。《民法典》第149条的"第三人"是民事法律行为的当事人之外的第三人，如A与B因为受到了C的欺诈而订立房屋买卖合同，对于A与B来说，C是第三人；第227条中的"第三人"则是指设立和转让物权关系的当事人之外的第三人，如A与B订立了摩托车买卖合同，A要转让摩托车的所有权给B，但该车目前被C占有。

因此，相对于 A 和 B，C 是第三人；第 523 条中的"第三人"是债权债务关系外的第三人，即债权人和债务人之外的民事主体。例如，A 与 B 签订了水泥供货合同，约定由 C 向 B 供应水泥。至于第 1175 条中的"第三人"，是指侵权法律关系外的第三人，即行为人与被侵权人之外的人。例如，A 驾车正常行驶，C 突然将行人 B 往马路上一推，刚好 A 驾车经过，将 B 撞死。于此，A 是行为人，B 是被侵权人，而 C 是第三人。

以往，我国的法律中曾出现过违反"相同概念同一解释"规则的情形。例如，《侵权责任法》第 86 条中有两处关于"其他责任人"的规定。该条第 1 款第 2 句规定："建设单位、施工单位赔偿后，有其他责任人的，有权向其他责任人追偿。"第 2 款规定："因其他责任人的原因，建筑物、构筑物或者其他设施倒塌造成他人损害的，由其他责任人承担侵权责任。"实际上，这两款中的"其他责任人"的含义是不同的。第一个"其他责任人"，是指勘察单位、设计单位、监理单位等除施工单位之外的参与建筑活动的主体。第二个"其他责任人"主要是指所有权人（业主）、其他使用人等。也就是说，即便建筑物等的倒塌是由设计单位、勘察单位或监理单位的原因所致，建设单位与施工单位也要向受害人承担连带责任，无非赔偿后，可以互相追偿。但是，如果建筑物的倒塌完全是由业主不当使用（如破坏承重墙）、超过合理使用期限而使用造成的，那么建设单位、施工单位就不应当承担责任。被侵权人只能直接请求该"其他责任人"承担侵权责任。显然，同一部法律的同一个条文中，"其他责任人"竟然有不同的含义，非常不妥。有鉴于此，《民法典》第 1252 条和第 1253 条对《侵权责任法》的上述规定进行了修改。

5.2　认认真真读法条

5.2.1　为什么要读法条

2008年5月至2009年9月、2012年6月至同年9月，笔者有幸两度获得德国洪堡基金会（Alexander von Humboldt Stiftung）的资助，赴德国进行学术研究。在德期间，无论是在从事研究的机构——奥斯纳布吕克大学欧洲法研究中心、柏林自由大学法学院，还是到访的若干著名大学（如波恩大学、科隆大学、图宾根大学、弗莱堡大学、柏林洪堡大学、慕尼黑大学、基尔大学）的法学院，笔者都发现一个共同的现象：法学院学生上民法课时，常常并不带着教科书，甚至有不少人根本就不买教科书。因为，法学院图书馆往往就同一种民法教科书购买多册，以供学生借阅。但是，几乎所有的学生都是人手一本贝克公司（C. H. Beck）出版的《德国民法典》（Bürgerliches Gesetzbuch）小册子。该书不仅小巧轻便、易于携带，且定价便宜，5欧元一本。一次闲聊时，我与在德合作导师克里斯蒂安·冯·巴尔教授说起这个事情，问他学生为什么不带教科书而只是带民法典。对此，巴尔教授的评论简单而干脆。他说：一个学习德国民法的人，在不了解民法典规定的情况下就去讨论民法问题，纯属妄言！

Beck 公司 2022 年第 89 版《德国民法典》手册，售价 5.9 欧元

诚哉斯言！我国和德国一样，都是成文法国家。法律的适用就是三段论的演绎推理过程：法律规范是大前提，案件事实是小前提，裁判结果就是结论。无论是法学院学生，还是律师、法官及其他法律工作者，处理任何一个案件或者法律问题的首要工作就是找法，即准确地找到能够适用于该案件或该问题的法律规范，然后，才可能依循正确的逻辑与价值判断，最终妥当地解决该案件或该问题。在学习和研究法律的过程中，法律人须臾不可或缺就是法律条文。倘若一个中国的法律人，不认真研读中国法的条文或完全不知道中国法的规定，而是张口德国法、美国法，闭口日本法，可以肯定的一点是，此人绝非一名合格的中国法律人！

问题是，找法的能力并非是天生的，而是需要不断地学习训练才能养成。学习法学理论必须阅读对应的法律条文，研习判决时应当查阅判决所引用的法条,这对于训练找法的能力都有帮助,也是一个建立学说、案例与法条之间联系的过程。王泽鉴教授甚至认为,读法条可以帮助培养法学想象力,他说:"要多读条文,有空的时候就要读它。凡是教科书上提到的哪个条文,一定要查那个条文,精读之,前后来回于规范事实之间。""读教科书、查判例、看法条,才可以培养对于法律的真正认识。"[①] 梁慧星教授也将学习法律的方法归纳为三种:一是教义学的方法,二是案例学习的方法,三是以法律条文为中心的学习方法。所谓以法律条文为中心的学习方法,就是要阅读、学习、记忆现行法律条文,掌握每个法条在法律体系中的逻辑位置并且将法律条文贯穿于立法、理论和实务。当然,这种方法对于已经有一定功底的学者、法官和律师比较合适,不适合民法的初学者。总之,要学好民法,就必须认真阅读研究法律条文。不阅读法律条文而想学好民法、正确解决民事纠纷,简直是不可想象的!就像学医的人不读药典,不了解治疗方法;研究国学的人,不读典籍一样。

在民法的学习研究中,民法典是最核心的内容。这是因为,民法典的法律规范是裁判规范和行为规范,法院和仲裁机构要适用民法典的规定来处理各种民事纠纷,行政机关要遵循民法典进行行政管理,自然人等民事主体也要依据民法典进行生活交往。故此,民法典被称为"社会生活的百科全书"。有了民法典之后,

---

① 王泽鉴:《不要躺在床上读法律》,https://new.qq.com/omn/20220205/20220205A030P900.html。

民法研究总体上都是民法解释学，即围绕着民法典进行的阐释并将其适用于各种问题的解决当中。德国法学家冯·基希尔曼于1847年在柏林法学会做的题为《作为科学的法学的无价值性》的演说中认为，"立法者修改三个字，整个图书馆就成为废纸"（Drei berichtigende Worte des Gesetzgebers und ganz Bibliotheken werden zu Makulatur）①。这个说法虽有夸张成分，但是，由此可见，民法典对民法学的决定性作用何其大也！事实上，即便是随社会发展出现的各种新兴问题，如数据权属、人工智能责任、元宇宙的法律规制等，也同样离不开现行法，需要用民法典来进行解释和理解。

冯·基希尔曼（Julius von Kirchmann，1802—1884）

---

① ［德］冯·基希尔曼：《作为科学的法学的无价值性》，赵阳译，商务印书馆2016年版，第32页。

5.2.2 法条的类型与范围

法条就是法律中的一个个条文。法律条文不同于法律规范。一个完整的法律规范由构成要件与法律效果两部分组成。一个法律条文可能就是一个法律规范,如《民法典》第577条关于违约责任的规定,第979条第1款关于无因管理中管理人的费用偿还和损失补偿的规定,以及第1165条第1款对过错责任原则的规定。这种同时具备构成要件和法律效果的法律条文被称为完全法条,多为请求权规范。与完全法条相对应的是不完全法条,包括定义性法条和补充性法条。定义性法条就是对概念进行界定的法律条文,例如,《民法典》第57条对法人的定义,第114条第2款关于物权的界定,第118条第2款关于债权的界定,第133条关于民事法律行为的定义以及第464条第1款对合同的界定等。补充性法条是对其他法条的法律效果予以具体化补充的法律条文,例如,《民法典》第1179条对于人身伤亡的财产损害赔偿的范围进行了明确,而第1184条则对侵害他人财产的财产损失的计算方法作出了规定。此外,不完全法条中还包括准用性规定与拟制性规定,前者如《民法典》第71条、第108条、第319条、第439条第2款等;后者如《民法典》第16条、第18条第2款、第503条、第517条第2款、第551条第2款等。

法律条文不限于《民法典》的条文,而是指广义的法律条文。学习民法时,首先要读的就是《民法典》的条文,但也要阅读其他法律条文。《民法典》第10条规定:"处理民事纠纷,应

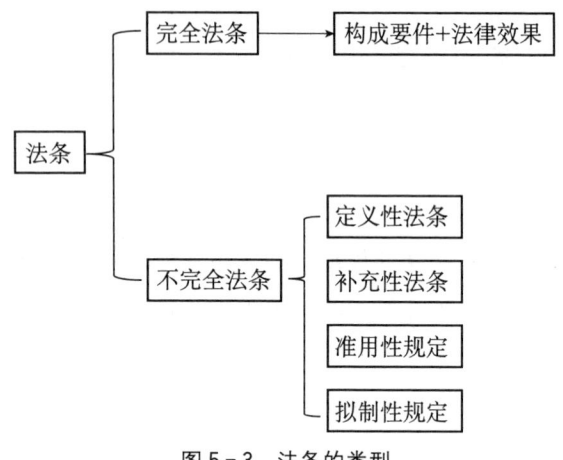

```
         ┌─ 完全法条 ──→ 构成要件+法律效果
         │
法条 ─────┤
         │            ┌─ 定义性法条
         │            ├─ 补充性法条
         └─ 不完全法条 ┤
                      ├─ 准用性规定
                      └─ 拟制性规定
```

图 5-3 法条的类型

当依照法律；法律没有规定的，可以适用习惯，但是不得违背公序良俗。"这是对于法院、仲裁机构处理民事纠纷时据以作出裁判的规则的规定，该条中的法律指的是广义的法律，既包括全国人大及其常委会制定的法律、国务院制定的行政法规，也不排除地方性法规、规章、自治条例和单行条例等（具有特定适用要求）。狭义的法律，仅指全国人民代表大会及其常务委员会颁布的规范性法律文件，如《民法典》等。从法律效力层级来说，法律的效力高于行政法规、地方性法规、规章。行政法规的效力高于地方性法规、规章。地方性法规的效力高于本级和下级地方政府规章。省、自治区的人民政府制定的规章的效力高于本行政区域内的设区的市、自治州的人民政府制定的规章。

1. 法律和法律解释

《民法典》是全国人民代表大会通过的法律，此外，《著作权法》《商标法》《反不正当竞争法》《反垄断法》《消费者权益保护法》《产品质量法》《电子商务法》《个人信息保护法》《道路交通安全法》等全国人大或者全国人大常委会通过的单行法，它们也对民事关系作出了规定。《民法典》第 11 条规定："其他法律对民事关系有特别规定的，依照其规定。"这就是说，对民事关系的调整应当适用特别法优于一般法的原则，优先适用上述民事单行法，没有规定时再适用《民法典》。

依据《立法法》的规定，民事基本制度属于全国人大及其常委会的专属立法权限内的事项，只能制定法律。所谓民事基本制度包括有关民事主体、物权、知识产权、合同、侵权责任、婚姻家庭、继承等方面的事项。如果民事基本制度尚未制定法律的，则全国人民代表大会及其常务委员会有权作出决定，授权国务院可以根据实际需要，对其中的部分事项先制定行政法规。《民法典》是我国民事领域的基本法，其已对民事主体、民事权利、民事法律行为、民事责任等民事总则制度以及物权、合同、人格权、婚姻家庭、继承、侵权责任等民事分则制度作出了规定。此外，其他的单行法律也对民事关系有相应的规定，故此，现在由行政法规来对民事基本制度的事项作出规定的情形已经很少了。至于部门规章和地方政府规章则无权规定属于民事基本制度的事项。

法律解释和法律具有同样的效力。在我国，法律解释权属于全国人大常委会，民法的法律解释很少，到目前为止，只有一次，即 2014 年 11 月 1 日第十二届全国人民代表大会常务委员会第十一次会议通过的《全国人民代表大会常务委员会关于〈中华人民共和国民法通则〉第九十九条第一款、〈中华人民共和国婚姻法〉第二十二条的解释》，该解释主要涉及的是公民姓名权的行使问题。《民法典》颁布后，由于该法律解释的内容已经被吸收到《民法典》当中了，加之《民法通则》《婚姻法》已经失效，故而该解释也已失效。

2. 法规与规章

行政法规是国务院根据宪法和法律通过的规范性法律文件。行政法规规定的事项包括两类：一是为执行法律的规定需要制定行政法规的事项。例如，为了执行《民法典》的不动产登记制度而颁布的《不动产登记暂行条例》；为执行《民法典》《道路交通安全法》中的机动车强制保险的规定而颁布的《机动车交通事故责任强制保险条例》；二是《宪法》第89条规定的国务院行政管理职权的事项。此外，应当由全国人民代表大会及其常务委员会制定法律的事项，国务院根据全国人民代表大会及其常务委员会的授权决定先制定行政法规，经过实践检验，制定法律的条件成熟时，国务院应当及时提请全国人民代表大会及其常务委员会制定法律。

地方性法规规定的是为了执行法律、行政法规的规定，需要根据本行政区域的实际情况作具体规定的事项，以及属于地方性事务需要制定地方性法规的事项，如一些地方颁布的不动产登记条例、数据条例。

规章分为部门规章和地方政府规章。部门规章是指国务院各部、委员会、中国人民银行、审计署和具有行政管理职能的直属机构，根据法律和国务院的行政法规、决定、命令，在本部门的权限范围内，制定的规章。其所规定的事项属于执行法律或者国务院的行政法规、决定、命令的事项。涉及民事关系的部门规章,如《不动产登记暂行条例实施细则》《应收账款质押登记办法》《动产和权利担保统一登记办法》等。没有法律或者国务院的行政法规、决定、命令的依据,部门规章不得设定减损公民、法人和其他组织权利或者增加其义务的规范,不得增加本部门的权力或者减少本部门的法定职责。

地方政府规章是指省、自治区、直辖市和设区的市、自治州的人民政府,根据法律、行政法规和本省、自治区、直辖市的地方性法规而制定的规章。地方政府规章能够规定的事项包括:其一,为执行法律、行政法规、地方性法规的规定需要制定规章的事项;其二,属于本行政区域的具体行政管理事项。涉及民事关系的地方政府规章,如一些地方政府颁布的房屋租赁管理办法等。没有法律、行政法规、地方性法规的依据,地方政府规章不得设定减损公民、法人和其他组织权利或者增加其义务的规范。

3. 司法解释

虽然广义的法律只包括全国人大及其常委会颁布的法律、国务院颁布的行政法规、地方性法规和规章,但是,我国还有一种实际效力很高,甚至仅次于法律和法律解释的法律渊源,就是司法解释。所谓司法解释,就是最高人民法院和最高人民检察院就各级审判机关与检察机关在审判、检察工作中,如何具体应用法律、法令问题作出的具有法律效力的阐释与说明。依据《全国人民代表大会常务委员会关于加强法律解释工作的决议》、《人民法院组织法》以及《人民检察院组织法》的规定,最高人民法院、最高人民检察院对法院审判工作、检察院检察工作中具体应用法律、法令的问题进行解释。司法解释在我国法律体系中具有何种地位、效力如何，并无法律作出具体的规定。考虑到司法解释只是对审判工作或者检察工作中具体应用法律问题的解释，且只有最高人民法院、最高人民检察院才能制定司法解释，故此，应当认为司法解释只是相应地对于各级人民法院、人民检察院的审判工作或者检察工作具有约束力，而不能一般性地认为其具有法律效力；否则，就等于认可最高人民法院和最高人民检察院可以制定具有普遍约束力的法律规范，这与《宪法》和《立法法》的规定不符。故此，《最高人民法院关于司法解释工作的规定》第5条关于"最高人民法院的司法解释具有法律效力"的规定，只能理解为最高人民法院的司法解释对于各级人民法院的审判工作具有拘束力。

最高人民法院颁布的司法解释分为"解释"、"规定"、"规则"、"批复"和"决定"等五类。"解释"是对在审判工作中如何具体应用某一法律或者对某一类案件、某一类问题如何应用法律制定的司法解释；根据立法精神对审判工作中需要制定的规范、意见等司法解释，采用"规定"的形式；对规范人民法院审判执行活动等方面的司法解释，采用"规则"的形式；对高级人民法院、解放军军事法院就审判工作中具体应用法律问题的请示制定的司法解释，采用"批复"的形式；修改或者废止司法解释，采用"决定"的形式。

根据《最高人民法院民法典贯彻实施工作领导小组办公室关于为确保民法典实施进行司法解释全面清理的工作情况报告》的统计，中华人民共和国成立以来至2020年5月28日，现行有效的司法解释共591件，其中，民事司法解释380件，刑事司法解释 159 件，行政司法解释 37 件，国家赔偿司法解释 15 件。为了确保《民法典》统一、正确实施，最高人民法院于 2020 年进行了"新中国成立以来最为全面、最为系统、最为规范、最为彻底的一次司法解释清理"，对现行有效的 591 件司法解释，废止 116 件，修改 111 件，继续有效适用 364 件；决定对 139 件指导性案例，不再参照适用 2 件，继续参照适用 137 件。清理的同时，最高人民法院还制定了一批新的司法解释与《民法典》同日施行，包括《最高人民法院关于适用〈中华人民共和国民法典〉时间效力的若干规定》《最高人民法院关于适用〈中华人民共和国民法典〉有关担保制度的解释》《最高人民法院关于适用〈中华人民共和国民法典〉婚姻家庭编的解释（一）》《最高人民法院关于适用〈中华人民共和国民法典〉继承编的解释（一）》《最高人民法院关于适用〈中华人民共和国民法典〉物权编的解释（一）》《最高人民法院关于审理建设工程施工合同纠纷案件适用法律问题的解释（一）》《最高人民法院关于审理劳动争议案件适用法律问题的解释（一）》。这些贯彻实施《民法典》的司法解释非常重要，在学习研究民法的时候需要时时查阅研读。

不过，理论界也有不少人认为，司法解释条文数量越来越多，甚至超过了法律本身，最高人民法院、最高人民检察院已经不是在对审判工作或者检察工作中具体应用法律问题做解释，而是一般性地进行"立法"的工作。此外，大量制定司法解释也变相导致法条数量的恶性增生，无论对于法学院的学生，还是学者、律师和法官而言，都极大地增加了学习的成本与负担！这种观点有一定的道理。

4. 法律工具书

由于法律条文的类型较多，故此，学生在阅读法律条文时需要有一些比较好的工具书才行。目前，市面上的民法的法条汇编工具书有两类：一是按照法律条文的类型加以编排，即先是法律，然后是司法解释，再是相关的行政法规和部门规章等。这种编排方法的优点是，每部分法律、法规、司法解释都是完整的，成体系地编排在那里，但是，它们中的法条是什么关系，则需要学生自行查阅。例如，法律出版社法规中心编辑的《最新民法典及相关司法解释汇编》就是采取这种体例。

二是以《民法典》条文为核心，将相关的法律、行政法规、司法解释以及部门规章中关联度最高、联系最为紧密的条文一一对应加以编排。例如，笔者曾在法律出版社出版过三本此类法律汇编书籍，即《合同法一本通》《物权法一本通》《侵权责任法一本通》，受到读者的好评。《民法典》颁布后，笔者又按照各编分别编辑出版了《民法典合同编一本通》《民法典物权编一本通》《民法典人格权编一本通》《民法典婚姻家庭编一本通》《民法典侵权责任编一本通》等五本民法工具书。书中不仅有与民法典条文关联密切的法规、司法解释和规章的规定，还有最高人民法院公布的指导性案例和《最高人民法院公报》刊登的案例的摘要。这种编排方式的好处，就是能清晰地揭示《民法典》的条文与相关的司法解释、行政法规中的法条的联系；缺点在于：司法解释、行政法规都被拆散了放在对应的《民法典》条文下面，且由于有些条文与《民法典》的多个条文之间都具有联系，所以会重复出现，导致内容过于庞大。

《民法典合同编一本通》　　　《民法典侵权责任编一本通》

5.2.3　怎样读法条

1. 任务驱动型阅读

1804 年的《法国民法典》被公认为文字优美、浅显易懂、生动明朗，被誉为"出色的法国文学作品"。据说，法国著名文学家司汤达为获得语感，每天都会读上几段法国民法典的条文。当然，这也可能与司汤达崇拜拿破仑有关，他曾参加拿破仑的军队转战欧洲大陆近十年。但是，无论民法典的文字多么优美生动，也不可能如小说故事那样吸引人。如果不以任务驱动，干巴巴地读条文，是很难持续下去的。学习民法时，没有必要也不应当抽象、孤立地阅读法条，法条的阅读应当是任务驱动型的，即与民法基本理论的学习和案例分析密切结合，这样才能在学习理论的过程中了解法条的规范意旨，在分析案例时发现法条解释适用的疑义，进而形成理论、规范与事实之间的循环反复、良性互动。

例如，在学习物权法教科书关于基于法律行为的不动产物权变动这一部分内容之前，学员就应当预先阅读《民法典》第209～223条关于不动产登记的规定，初步了解这些法律条文的意思，掌握它们之间的关系及在整个《民法典》尤其是物权编中的位置；带着这种初步的印象，开始学习物权法教科书，认真上课听老师的讲解；如有疑问，又随时翻阅相应的条文；课后或学习完毕教科书相应部分后，若想更深入地了解我国法上不动产登记的规定，还要阅读司法解释、法规和规章的相应规定，至少要阅读《最高人民法院关于适用〈中华人民共和国民法典〉物权编的解释（一）》第1条至第5条，《最高人民法院关于审理房屋登记案件若干问题的规定》第1条至第13条，以及《不动产登记暂行条例》《不动产登记暂行条例实施细则》、《不动产登记资料查询暂行办法》、《不动产登记操作规范（试行）》等。

再如，要分析解决个人信息保护民事纠纷，就必须阅读《民法典》第1032条至第1039条关于个人信息保护的规定，当然，具体的规定不仅仅是《民法典》这几条，还包括《个人信息保护法》。如果要了解更细致、更具有操作性的规定，还要阅读有关的行政法规、部门规章、规范性文件和国家标准，如《互联网信息服务管理办法》《计算机信息系统安全保护条例》《征信业管理条例》《关键信息基础设施安全保护条例》等行政法规；《儿童个人信息网络保护规定》《电信和互联网用户个人信息保护规定》《规范互联网信息服务市场秩序若干规定》《互联网新闻信息服务新技术新应用安全评估管理规定》《汽车数据安全管理若干规定（试行）》等部门规章；《常见类型移动互联网应用程序必要个人信息范围规定》《App违法违规收集使用个人信息行为认定方法》《信息安全技术 公共及商用服务信息系统个人信息保护指南》《信息安全技术 个人信息安全规范》《信息安全技术 移动智能终端个人信息保护技术要求》《信息安全技术 个人信息去标识化指南》《网络安全标准实践指南——移动互联网应用程序（App）收集使用个人信息自评估指南》等规范性文件和国家标准。

2. 体系性阅读

阅读法律条文时，必须注意其同一章节、编，同一部法律以及不同法律中各个条文之间的联系与区别，这就属于体系化的思维。例如，在《民法典》合同编的第一分编"通则"中，涉及主体时，有些条文使用的是"当事人"，有些条文使用的是"债权人"或"债务人"；涉及权利义务时，有些条文用"合同权利"与"合同义务"，而有些条文则是"债权"与"债务"。为什么在同一个合同编通则中，法律条文的用词上有这样的差别呢？原因就在于：《民法典》没有单独规定债法总则编，而是使合同编通则的规定在一定程度上来发挥债法总则的作用，将合同编通则的一些规定也适用于非合同之债。为了能够明确合同编通则的哪些规定能适用于非合同之债，一方面，立法机关在《民法典》第468条明确规定，非因合同产生的债权债务关系，适用有关该债权债务关系的法律规定；没有规定的，适用本编通则的有关规定，但是根据其性质不能适用的除外。另一方面，立法机关希望尽量通过措辞予以明确指示。对可适用于所有债的类型的共同规则，法律条文中尽量不使用"合同""合同权利""合同义务"的表述，而是采用"债""债权""债务"的表述；就合同的订立、效力和解除等仅能适用于合同之债的规则，仍然使用"合同"的表述。例如，《民法典》第517条至第521条规定的按份之债、连带之债的规定属于债法总则的内容，因此，采取的都是"债权""债务"的表述，但是解除合同而导致合同之债的终止，仅适用于合同，不适用于非合同之债。故此，《民法典》第557条第1款除了规定适用于债权债务关系终止的共通情形之外，还在第2款特别规定合同之债因合同解除而终止，即"合同解除的，该合同的权利义务关系终止"。

再如，《民法典》第585条第2款规定："约定的违约金低于造成的损失的，人民法院或者仲裁机构可以根据当事人的请求予以增加；约定的违约金过分高于造成的损失的，人民法院或者仲裁机构可以根据当事人的请求予以适当减少。"从这一款可以看出，约定的违约金只要是低于违约方给非违约方造成的损失时，当事人可以请求法院或者仲裁机构予以增加，但是约定的违约金只有过分高于造成的损失，当事人才能请求法院或者仲裁机构予以适当减少。为什么是这样呢？原因就在于：违约金以补偿为基本功能，兼具一定的惩罚功能，当违约金低于造成的损失，违约金就是没有发挥填补损害的基本功能，此时通过增加违约金的数额，可以有效地保护守约的一方当事人。当违约金虽然高于造成的损失，却并非过分高的时候，违约金在填补损害之余具有了一定的惩罚功能，此时除非违约金过分高于损害，以致违反了公平的原则，否则法律没有必要对于需要支付违约金的违约方给予过多的保护。

3. 注意字词和标点符号

在阅读法律条文时,一定要注意条文中的字词以及标点符号。狭义法律解释方法中最重要的一种方法就是文义解释,这种方法就是强调从法条文本出发,恰当地理解词语。因为,人们必须假定立法者是理性的,其在拟定法律条文时的考虑是周全细致的。所以,字词上的不同以及在法律条文中的不同位置,实际上都体现了立法者不同的考虑和意图。例如,在《民法典》中,"推定"和"视为"的意思是不同的。所谓推定,就是在某些法律规范中,立法者以一定的事实(推定基础)直接推导出另外一个特定的法律要件(法律效果)。推定是可以被推翻的。《民法典》第1121条第2款规定:"相互有继承关系的数人在同一事件中死亡,难以确定死亡时间的,推定没有其他继承人的人先死亡。都有其他继承人,辈份不同的,推定长辈先死亡;辈份相同的,推定同时死亡,相互不发生继承。"该款中使用的就是"推定"。显然,如果能够拿出证据来证明没有其他继承人的人或者长辈是后死亡的,那么《民法典》这一款中的推定就是可以被推翻的。然而,视为是不能被推翻的,它就是法律上的拟制,即立法者明知道其打算处理的情形(案件)与其准备用来规范该情形(案件)的法条所处理的情形(案件),在构成要件上是不相同的,却基于某种考虑仍将二者等同,赋予了相同的法律效果。《民法典》中使用"视为"的地方大约40处,如第16条规定:"涉及遗产继承、接受赠与等胎儿利益保护的,胎儿视为具有民事权利能力。但是,胎儿娩出时为死体的,其民事权利能力自始不存在。"第889条第2款规定:"当事人对保管费没有约定或者约定不明确，依据本法第五百一十条的规定仍不能确定的，视为无偿保管。"第1124条第1款规定："继承开始后，继承人放弃继承的，应当在遗产处理前，以书面形式作出放弃继承的表示；没有表示的，视为接受继承。"

法律条文中的标点符号不同，含义也有差别。依据国家推荐标准《标点符号用法》（GB/T 15834—2011）的规定，顿号是表示语段中并列词语之间或者某些序次语之后的停顿，其基本用法为：用于并列词语之间，用于需要停顿的重复词语之间，用于某些序次语（不带括号的汉字数字或天干地支类序次语）之后等情形。例如，依据《民法典》第497条第2项的规定，"提供格式条款一方不合理地免除或者减轻其责任、加重对方责任、限制对方主要权利"的，该格式条款无效。该项中列举的"免除或者减轻其责任、加重对方责任、限制对方主要权利"之间使用了顿号，故此，它们是三个并列的词语，必须都符合且均受到"不合理地"限制。

4. 核心法条应当记忆

常有人问，学习法律是否需要背诵法条？显然，仅仅是《民法典》的1 260条的条文数和10万字的字数，就会令人望而却步，遑论其他数量众多的民事单行法。除了个别记忆力超群的人，绝大多数人都不会把背诵法条作为一种选项。正如要学好英语不以能够背诵《牛津高阶英汉双解词典》为前提一样，学习好民法也不以能够背诵《民法典》为必要条件。在网络信息时代，通过笔记本电脑、智能手机等设备，人们可以随时上网检索需要查询的法律条文，因此，背诵法律条文完全没有必要。广为流传的某某学者对某某法可以倒背如流的传说，或许是真的，不过，笔者在民法界还没有见过这种神人。可能存在的情形是，有些学者对于某些法律条文曾有过深入研究，并且在各种授课讲座的场合反复提及过该条。如此时间一长，自然而然也就记住了，能够背诵。因此，完全没有必要刻意地去背诵《民法典》或者其他任何一部法律的全文。

但是，同学们在学习民法时，对于《民法典》和其他民事单行法中的重点、核心、基本的法律条文，通过反复研读，从而牢固掌握其中的核心表述，甚至完全记下来，也是非常有必要的。例如，《民法典》第143条规定的是符合哪些条件的民事法律行为是有效的民事法律行为，最好能够记住其中的三个核心词——民事行为能力、意思表示以及不违法，这样也就记住了这一条，至于是否要一字不差地背诵下来，无关紧要。再如，《民法典》第172条规定的是表见代理，这一条中需要记忆的最核心的表述就是"相对人有理由相信行为人有代理权"。同学们在阅读民法教科书的时候，经常查阅对应的法条，时间一长，自然也就熟悉甚至能够背诵下来。这就是所谓的"习服众神，巧者不过习者之门"。

5.2.4　法条的引用

1. 引用法条的顺序

无论是法官撰写裁判文书，还是律师撰写起诉书、法律意见书，抑或学生写课堂作业或者期末考试答卷，都必须引用法条。

如何引用法条，最高人民法院有司法解释就裁判文书中的引用规则作出了具体规定，可供遵循。依据《最高人民法院关于裁判文书引用法律、法规等规范性法律文件的规定》（法释〔2009〕14号）的规定，法院处理民事纠纷作出的民事裁判文书应当引用法律、法律解释或者司法解释；对于应当适用的行政法规、地方性法规或者自治条例和单行条例，民事裁判文书可以直接引用。民事裁判文书需要并列引用多个规范性法律文件的，引用的顺序为：法律及法律解释、行政法规、地方性法规、自治条例或者单行条例、司法解释。同时引用两部以上法律的，应当先引用基本法律，后引用其他法律。引用包括实体法和程序法的，先引用实体法，后引用程序法。

2. 引用的精确性

法律条文的结构包括：条、款、项、句。有的法律条文可以就是一句话，例如，《民法典》第60条规定："法人以其全部财产独立承担民事责任。"有的法律条文有两句或更多句，如《民法典》第41条规定："自然人下落不明的时间自其失去音讯之日起计算。战争期间下落不明的，下落不明的时间自战争结束之日或者有关机关确定的下落不明之日起计算。"有的法律条文分为两款甚至更多的款，例如，《民法典》第62条分为两款，第1款："法定代表人因执行职务造成他人损害的，由法人承担民事责任。"第2款："法人承担民事责任后，依照法律或者法人章程的规定，可以向有过错的法定代表人追偿。"还有的法律条文既有款，也有项，例如，《民法典》第68条分为两款，第1款下面包括3项，即"有下列原因之一并依法完成清算、注销登记的，法人终止：（一）法人解散；（二）法人被宣告破产；（三）法律规定的其他原因"。第 2 款为："法人终止，法律、行政法规规定须经有关机关批准的，依照其规定。"有些法律条文则是直接分项，不分款，例如，《民法典》第 69 条规定："有下列情形之一的，法人解散：（一）法人章程规定的存续期间届满或者法人章程规定的其他解散事由出现；（二）法人的权力机构决议解散；（三）因法人合并或者分立需要解散；（四）法人依法被吊销营业执照、登记证书，被责令关闭或者被撤销；（五）法律规定的其他情形。"

无论研读法律条文，还是引用法律条文，都必须注意区分条、款、项、句，不要搞错，不能马虎。最高人民法院明确要求法院的裁判文书，无论是民事、刑事还是行政的裁判文书，在引用相关法律、法规等规范性法律文件作为裁判依据时，应当准确完整写明规范性法律文件的名称、条款序号，需要引用具体条文的，应当整条引用。很多同学包括法官、律师都不太注意这一点，比如，《民法典》第 1198 条是关于违反安全保障义务的侵权责任的规定，该条分为两款，第 1 款和第 2 款规范的情形是明确不同的，第 1 款规定的是宾馆、商场、银行、车站、机场、体育场馆、娱乐场所等经营场所、公共场所的经营者、管理者或者群众性活动的组织者这些安全保障义务人，因未尽到安全保障义务，造成他人损害而要承担的侵权责任。第 2 款规定的则是第三人实施侵权行为，安全保障义务人不是侵权行为人，但是因为其没有尽到安全保障义务，所以，除了第三人当然要承担侵权责任外，安全保障义务人也需要承担相应的补充责任，但是在承担补充责任后,可以向第三人追偿。一些同学在写论文或分析案例时,甚至一些律师在起诉书、法官在裁判文书中往往只是写"依据《民法典》第 1198 条,……"显然,这是非常不严谨的做法。王泽鉴教授回忆其早年留学德国慕尼黑大学,参加著名法学家卡尔·拉伦茨教授的民法研讨会时,某学生作报告时说"甲得依不当得利法向乙请求返还某车",当场被质问"请明确说明,依据哪一条规定",该生思考后回答"依据《德国民法典》第 816 条",拉伦茨教授高声说道:"不是某车,而是某车的所有权,请求权基础(Anspruchsgrundlage)是《德国民法典》第 816 条第 2 项前段。"[①] 显然,在讨论民法问题时,法律人负有明确指出请求权基础的义务,因此,必须非常精确地指明引用的法律条文究竟是什么法律的哪一条(哪几条)、哪一款(哪几款)、哪一项(哪几项),甚至哪一句(哪几句)。

5.3 多读案例与判决

5.3.1 为什么要读案例

法学是经验科学,美国著名法官霍姆斯最经典的名言就是,

[①] 王泽鉴:《民法思维:请求权基础理论体系》,北京大学出版社 2009 年版,第 41 页。

第五讲 | 学习民法的基本方法

"法律的生命不在于逻辑而在于经验"。要学好民法,必须要多读案例,多读判决书,还要多动手进行案例的分析。为什么要多读案例,多读判决书呢?笔者认为,必要性在于以下几点。

1. 读案例有助于更好理解理论和法条

多阅读案例,有助于更好地理解法学理论和法律条文。只有在具体的场景中,抽象的理论和法条才能被具象化,加以展开,它们要规范的对象和要解决的问题才会凸显。民法条文和大部分民法理论是用来解决社会生活中的问题的,如果学了半天,都不知道这些理论和条文是用来干什么的,怎么能认为已经理解和掌握了它们?王泽鉴教授曾言:"概念是抽象的,须具体化于个别事物之上,因此,举例阐释法律基本概念至为重要。"① 大量阅读案例可以将抽象的理论与法条还原到具体的场景中,知道它们是要干什么的,有什么用。例如,《民法典》第311条至第313条是对善意取得的规定,物权法的教科书当然会讲善意取得的概念、功能、意义、构成要件以及法律效果等,可是,只有在阅读适用善意取得的案例后,恐怕才能清楚,在我国的司法实践中善意取得制度究竟最常用在哪些纠纷中,比如夫或妻一方将属于夫妻共同共有的房屋出售或抵押给他人,只有如此,才算真正对善意取得有了感性的认识。再如,《民法典》第1171条和第1172条是对无意思联络数人侵权的规定,这两条的法律效果截然不同:一个是承担连带责任,另一个是承担按份责任,区分这两条的适用标准就是简单的一句话——"每个人的侵权行为都足以造成全部损

---

① 王泽鉴:《民法思维:请求权基础理论体系》,第9页。

害"。如果每个人的侵权行为都足以造成全部损害,那么各个行为人承担连带责任,否则,承担按份责任。似乎说的很清楚,可仔细想想,又发现很不清楚。什么叫作"都足以造成全部损害"?人不能两次踏进同一条河流,那么同一个损害怎么可能发生两次呢?多大程度是"足以"?如果看看下面三个案件,可能就会有更清楚的认识。

案件1：A车闯红灯，B车超速，两车相撞，致B车的乘客林某、路人王某受伤。交警认定，A车司机张三负主要责任，B车司机李四负次要责任，乘客与路人无责。

案件2：张三与李四并不相识，二人皆与王五有仇，分别投放了剂量均足以致死的毒药到王五的早餐中。王五吃完早餐后，一命呜呼。

案件3：张某购买了A公司生产的电热水器以及B公司生产的漏电保护器，张某的妻子李某在洗澡时触电身亡。经查，A公司的电热水器存在缺陷会漏电，而B公司的漏电保护器也存在缺陷，发生漏电时无法起到保护的作用。

上述三个案件中，案件2是典型的每个侵权人的行为都足以造成全部损害的情形，适用《民法典》第1171条没有什么争议；案件1应当属于典型的数个行为人的行为结合起来才足以造成全部损害的情形，并不是每个侵权人的行为都足以造成全部损害，适用《民法典》第1172条。争议很大的就是案件3，这里面的因果关系是否属于"每个人的侵权行为都足以造成全部损害"呢？每年给学生上侵权法课时，笔者都让学生讨论这个案件，而每次

第五讲 | 学习民法的基本方法

同学们都争论得非常激烈。

历史上，不少著名的作家或者诗人都曾经学习过法律，这段学习法律的经历对于他们的文学创作也是非常有帮助的。① 例如，著名作家卡夫卡在布拉格大学学习过法律，在他41年的短暂人生中，创作的作品就有不少以法律为题材，最著名的就是长篇小说《审判》（Der Prozess）。再如，《格林童话》一书的作者格林兄弟（雅各布·格林、威廉·格林），曾同在马尔堡大学师从著名法学家弗里德里希·卡尔·冯·萨维尼学习法律。雅各布·格林记录的萨维尼教授法学方法论授课笔记，后来被整理出版为《萨维尼法学方法论讲义与格林笔记》②，雅各布·格林还出版了《论法中的诗意》《德意志法律遗产》等法学作品。著名法学家拉德布鲁赫说："写诗不会对法大唱赞歌——决不会，因为很多诗人就是从法学院逃逸的学生。"虽然不是法学院的逃学者都能成为作家或诗人，但是法律人一定要有想象力。阅读案例就是法律人拓展自己想象力的过程。所谓"见多识广"，阅读案例相当于亲身经历人间冷暖，看遍世态万象。这时，就会真正知道"太阳底下没有新鲜事"，许多事情都是曾经出现过的。也才明白，为什么法律中会有这样一条或几条！

---

① 有人统计，从1901年诺贝尔奖开始颁发到现在，共有103位诺贝尔文学奖获得者，其中，法学院出身的就有21位。《从法学院逃逸的21位诺贝尔文学奖得主！》，https：//weibo.com/ttarticle/p/show? id ＝ 2309404717627057766475&sudaref ＝ www.baidu.com。

② ［德］萨维尼、格林：《萨维尼法学方法论讲义与格林笔记》，杨代雄译，法律出版社2008年版。

弗里德里希·冯·萨维尼
(Friedrich Carl von Savigny,
1779—1861)

格林兄弟
(威廉·格林与
雅科布·格林)

2. 读案例可以验证理论与法律适用的正确性

阅读案例的过程,也是不断验证所学理论掌握得是否牢固,适用的法律条文是否正确的过程。不通过案例验证,许多同学总是觉得自己掌握的知识是非常牢固的,可一旦遇到具体的案例,稍微深入地分析思考一番,就发现完全不是那么回事。这也是许多同学在考试时,如果让他们回答纯记忆性的题目,都能很顺利,可是一遇到案例分析的题目,这些同学就发现原本认为已掌握得很好、理解得很清楚的概念、规则和制度,却并没有真的明白,摇摇晃晃、极不确定,必须要再翻翻书来核实一下。倘若说阅读案例的第一个作用相当于"以案说法",即通过案例来更好地理解法条和理论的话,那么阅读案例的第二个作用,就是"以案验法",通过阅读案例以及分析案例来验证或考验自己对理论掌握得扎实与否,有没有知识的盲点和误读误解等。例如,《民法典》第1170条规定:"二人以上实施危及他人人身、财产安全的行为,其中一人或者数人的行为造成他人损害,能够确定具体侵权人的,由侵权人承担责任;不能确定具体侵权人的,行为人承担连带责任。"这一条规定的是共同侵权行为中的一种类型,叫作共同危险行为。适用该条的典型情形是:甲乙丙丁四人从楼顶扔酒瓶或石头,其中的一块石头或一个酒瓶砸中路人戊,但不知道何人所扔,依据《民法典》这一条,就应当由甲乙丙丁承担连带责任。问题是,实践中还有其他的情形,和这种典型情形有些相似却又有差别,如以下六种情形。

例1:A1、B1是邻居,二人因排水问题发生纠纷,A1纠集家人A2、A3、A4与B1纠集的家人B2、B3、B4打群架。双方群殴时,B1被一记重拳打伤左眼,现无法查明A1、A2、A3、A4中的何人打中B1的眼睛。

例2:A、B、C、D、E、F六家公司分别在河道上采砂,形成了若干个又大又深的洼坑,这六家公司均未依法回填,致使下雨后形成多个积水坑。受害人G在某坑中洗澡时溺水而亡,现无法查明导致受害人死亡的坑是哪家公司挖掘所致。

例3:甲、乙、丙、丁四人为保安,负责看守木材仓库。四人在上班期间不认真执勤,反而聚在一起,抽烟打牌赌博,结果不知何人所扔的未熄灭之烟蒂引发火灾,将仓库烧毁。

例4:张三的豪华轿车停放在路边,不知被何人用钥匙划伤。经查看监控录像,发现在车辆可能被划伤的时间段内,先后有李四、王五、赵六三人从车旁经过。张三遂以共同危险行为为由起诉了该三人。

例5:某铁轨旁发现一死者,经勘验属于坠车而亡,死亡时间为当日的中午 12 点至下午 4 点之间，该期间从此经过的列车有三列，分别属于 A、B、C 三个铁路公司，这三个公司是否需要按照共同危险行为承担连带责任。

例 6：张三醉卧在机动车车道内，先后被多辆机动车碾压。经查看监控，这一时段先后经过的车辆是李四、王五、赵六驾驶的机动车。但他们是否都曾碾压过张三，以及何人的碾压直接导致张三的死亡，对此都不清楚。

上述 6 个案例都涉及能否适用共同危险行为制度的问题，这就需要认真地研究《民法典》第 1170 条的规范目的及其构成要件，此时就不会觉得这个条文清晰明了了吧。

总之，要学好民法，必须做到知其然，知其所以然，努力将法学理论与实践密切结合。卡尔·拉伦茨教授曾言："不仅法律实践总需要法学，而且法学也需要法律实践。套用康德的一句名言，可以说：没有法学的法律实践是盲目的，而不与产生于实践的各种问题相交融的纯粹的法学，是空洞的。也就是说，法学和法律实践的关系是一种交互作用的关系。"通过研读法律条文和分析案例判决，也才能发现自己所学的理论正确与否、功底扎实与否，并不断加以提高。这样，学生就可以在理论、法条与案例这三者之间形成一个良性的互动循环，越学越有趣，越学越好。

5.3.2　读哪些案例

我国是成文法国家，没有判例制度。无论是最高人民法院的判决,还是地方各级法院的判决,都不属于法律渊源。所以,在我国学习法律,只能说读案例,不存在读判例。那么,究竟读哪些案例呢?中国法院每年审理的民商事案件的数量极为庞大,仅2021年全国各级法院审结的一审民商事案件就高达1 574.6万件,显然没有人有能力都去读一遍,也完全没有必要这样做。笔者认为,对于民法学习者而言,尤其是本科生和研究生来说,能够认真地把以下几类案例多读一读,就非常不错了。

1. 指导性案例

按照最高人民法院的界定,所谓指导性案例,是指裁判已经发生法律效力,认定事实清楚,适用法律正确,裁判说理充分,法律效果和社会效果良好,对审理类似案件具有普遍指导意义的案例。指导性案例制度是最高人民法院为了满足"类案同判"的要求,保证法律适用的统一性,维护司法权威,也为了弥补成文法在周延性、具体性与应变性上的不足而建立的制度。《人民法院组织法》第18条第2款明确规定:"最高人民法院可以发布指导性案例。"2010年11月26日,最高人民法院颁布了《关于案例指导工作的规定》,决定在我国建立案例指导制度。依据该规定,最高人民法院将确定并统一发布对全国法院审判、执行工作具有指导作用的指导性案例。依据《关于案例指导工作的规定》第7条,最高人民法院发布的指导性案例,各级人民法院审判类似案例时应当参照。《〈最高人民法院关于案例指导工作的规定〉实施细则》第9、10条规定,各级人民法院正在审理的案件,在基本案情和法律适用方面,与最高人民法院发布的指导性案例相类似的,应当参照相关指导性案例的裁判要点作出裁判。各级人民法院审理类似案件参照指导性案例的，应当将指导性案例作为裁判理由引述，但不作为裁判依据引用。

截至 2022 年 5 月 1 日，最高人民法院一共发布 178 件指导案例，其中大多数是民事案件，涉及侵权、合同等案件居多。不过，总的来说，指导性案例制度是不太成功的，因为绝大部分指导案例并没有创立新的裁判规则，只是简单地以案释法、以案说法，充其量，也就是起到一个宣传的功能而已。只有极少数的指导案例起到了创设新规则的作用。例如，第 24 号指导案例"荣宝英诉王阳、永诚财产保险股份有限公司江阴支公司机动车交通事故责任纠纷案"，就是一个典型。该指导案例确立了过失相抵制度中的一项新规则，即"交通事故的受害人没有过错，其体质状况对损害后果的影响不属于可以减轻侵权人责任的法定情形"。根据《最高人民法院指导案例 24 号司法应用报告（2018）》的统计，自 2014 年 1 月 26 日发布以来，至 2018 年 12 月 31 日为止，全国各级法院在 671 例案件的处理中引用了第 24 号指导案例，连续五年应用案例数量居于指导性案例之首，总体占比为 22%。

在阅读指导案例的时候，最好是能够找出该案的一、二审的判决书的全文来对照阅读。因为，理论界经过研究发现，最高人民法院在公布指导案例时不仅会将案情和裁判说理部分进行删减，还会删减重要事实甚至指导性案例的裁判要点，并且没有准确地归纳、提炼原案裁判文书本意，而是通过背离原案事实任意发挥创造新的规则。例如，第 67 号指导案例"汤长龙诉周士海股权转让纠纷案"就存在这种情形，受到了学者的严厉批评。①

2. 公报案例

公报案例仅指《最高人民法院公报》上刊登的案例。《最高人民法院公报》是最高人民法院公开的正式文件，目的在于指导地方各级人民法院的审判工作。根据最高人民法院办公厅在1988年发布的《关于重申本院发出的内部文件凡与〈最高人民法院公报〉公布的内容不一致的均以公报为准的通知》的规定，"公报上所公布的最高人民法院文件、批复和案例，为了做到更准确、更具有权威性，在发稿之前，均经院审判委员会再次进行认真讨论，并可能对其中有的文件，在文字上内容上作必要的修改"。因此，《最高人民法院公报》上刊登的案例是得到最高人民法院审判委员会认可的，具有相当的典型性和权威性。故此，研读公报上的案例非常必要。当然，这并不是说公报案例都是正确的。事实上，公报刊登的一些案例在理论上是有争议的，甚至出现过公报刊登的最高人民法院的判决书后来又被再审改判的情形。

3. 典型案例

最高人民法院在特定时间或阶段，出于各种考虑尤其是为了宣传的需要，往往会批量公布一些典型案例，例如，为了全面深入学习贯彻习近平法治思想，宣传贯彻《民法典》，2022年2月25日，最高人民法院发布了"人民法院贯彻实施民法典典型案例

---

① 吴建斌：《指导性案例裁判要点不能背离原案事实——对最高人民法院指导案例67号的评论与展望》，载《政治与法律》2017年第10期。

（第一批）"，该批案例一共 13 个，是从全国各高院报送的 500 余件案例中精选出来，基本涵盖了民法典各编有关新制度、新规则，包括监护制度、英雄烈士名誉的保护、侵害健康权、居住权执行纠纷、运输合同纠纷、侵害肖像权、自甘冒险、遗产管理人等。

这些典型案例，往往是围绕同一主题的，有些还比较有意思，故此，值得阅读。当然，为了宣传的需要，最高人民法院发布的典型案例的案情和裁判都是经过删减的，故此，最好是相应地查找原判决加以研读。

4. 有关出版物上的案例

首先，《人民法院案例选》刊登的案例非常值得阅读。《人民法院案例选》是最高人民法院中国应用法学研究所创办的系列出版物，自 1992 年创办至今已有三十年的历史，上面刊登的案例包括民事、商事、知识产权、刑事、行政、执行等各方面。民事和商事案例的占比大，这些案例也是从全国各地法院报送的案例中挑选出来的，涉及民商法理论上的疑点、难点问题或者具有典型性的案例才会被选入，其中的许多案例非常值得深入研究。笔者在研究民法问题、写作论文和著作时，时常翻阅查找其中的案例。

此外，最高人民法院还会组织编辑出版各种类型的案例书，其中刊登的一些案例也值得阅读。例如，最高人民法院的各个巡回法庭以及几个民事审判庭都会编辑出版定期的出版物，如最高人民法院民事审判第一庭的《民事审判指导与参考》，民事审判第二庭的《商事审判指导与参考》系列出版物，其中都设有"最高人民法院案件解析"和"裁判文书选登"栏目,会刊登最高人民法院法官对其承办或主办案件的评析以及选登有关民事判决书。最高人民法院的一些巡回法庭还会编辑出版《法官会议纪要》系列出版物,所谓的法官会议纪要就是针对实践中的某一类案件的处理中涉及的疑点难点问题,归纳整理各种观点并明确法官会议采纳的观点及理由。

5. 人民法院报上的案例

笔者曾经在很长一段时间内喜欢读《人民法院报》,因为该报上面常常会刊载法官写的案例评析,这种案例评析就是作者自己承办的案件,结构基本上就是分为案情、分歧和评析三部分。案情部分非常简练地概括案件的基本事实,分歧部分实际上就是合议庭或者审委会的不同观点,评析则是最后裁判文书采取的观点及详细的理由。由于这些案例都来自真实的司法实践,因而对于教学与研究都非常有帮助。学习民法的同学们应当经常读一读《人民法院报》上的这些案例评析。可以先看案情,然后自己分析,再将自己的观点与分歧部分中的观点进行对比,最后阅读法官撰写的评析部分,思考评析采取的观点及理由是否具有说服力等。

6. 通过网络检索典型案例

2013年,最高人民法院发布了《关于人民法院在互联网公布裁判文书的规定》。依据该规定,人民法院作出的刑事、民事、行政判决书等裁判文书,除非存在规定的不得公开的情形,都要通过互联网公布。中国裁判文书网(https://wenshu.court.

gov.cn）是全国法院公布裁判文书的统一平台。各级人民法院在本院政务网站及司法公开平台设置中国裁判文书网的链接。除了可以在中国裁判文书网中查找相关案例外，北大法宝、威科先行等都能提供案例检索。因此，可以很便捷地通过网络检索并阅读前文所述的几类案例，即便是数据库中没有收录的，也可以到图书馆借阅相关书籍。

5.3.3　怎么读案例

1. 以案说法式

在学习民法的不同阶段，读案例的方法是不同的。初学民法即开始接触基本概念和理论时，读案例的方法总体就是"以案说法"，即通过阅读案例来了解相关理论与法条适用的场景，即规范对象和主要解决的问题。前面已有论述，不再赘述。这种情形下，同学们可以通过核心概念、核心条文来检索相关案例，并加以研究。例如，自甘冒险是侵权责任的减责事由之一，《民法典》第1176条第1款首次对自甘冒险作出了规定。刚开始了解这个制度时，通过以《民法典》第1176条或"自甘冒险"这个关键词来检索并阅读案例，从而了解"自愿参加具有一定风险的文体活动"、"因其他参加者的行为受到损害的"以及"其他参加者对损害的发生有故意或者重大过失的"这些要件，分别有哪些典型情形。最高人民法院2022年发布的"人民法院贯彻实施民法典典型案例（第一批）"中就有一个这方面的案例，即"宋某祯诉周某身体权纠纷案"。

第五讲 | 学习民法的基本方法

该案案情为：宋某祯、周某均为羽毛球业余爱好者，自2015年起自发参加羽毛球比赛。2020年4月28日上午，宋某祯、周某与案外四人在北京市朝阳区红领巾公园内露天场地进行羽毛球3对3比赛。运动中，宋某祯站在发球线位置接对方网前球后，将球回挑到周某方中场，周某迅速杀球进攻，宋某祯直立举拍防守未果，被羽毛球击中右眼而受伤。通过阅读法院的判决可知：首先，法院认为打羽毛球属于竞技体育运动，该运动不同于一般的生活领域，主要目的即为争胜，具有对抗性、人身危险性的特点，而本案一审原告宋某祯与被告周某和案外四人一起打羽毛球，他们是该活动的自愿参与者，属于《民法典》第1176条第1款规定的"自愿参加具有一定风险的文体活动"的情形。其次，宋某祯是在打羽毛球的过程中，因其他参与者周某打出的羽毛球击中右眼而受伤，故此，也构成"因其他参加者的行为受到损害的"情形。最后，本案的核心争议在于，被告周某是否具有故意或者重大过失，如有则不能免责，如无，则不承担责任。法院认为，周某杀球进攻的行为系该类运动的正常技术动作，周某并不存在明显违反比赛规则的情形，不应认定其存在重大过失，且现行法律未就本案所涉情形适用公平责任予以规定，故宋某祯无权主张周某承担赔偿责任或分担损失。读过这样的一个案例后，初学自甘冒险制度的同学们应当就能大致了解该制度适用的一个典型场景，这就是所谓的"以案说法"式读案例。当然，如果再多读一些自甘冒险的案例，就可以发现，其他自愿参加具有一定风险的文体活动的情形还包括踢足球、打篮球、拳击甚至跳广场舞等，并可以更具体地了解法院在认定行为人有无重大过失时的主要判断标准等。

2. 类案比较式

读案例的另一种方法是要求读者动手,将主要事实基本相同、适用相同法律条文的案例进行汇总,并加以比较,然后总结出其中的问题,这就是所谓类案比较式读案例。我们继续以前述《民法典》第1176条第1款的自甘冒险为例,在北大法宝上以"民法典"＋"自甘冒险"这两个关键词进行全文检索,可以检索到民事案例122件。其中,中级人民法院审结的45件,基层人民法院审结的75件。通过对中级人民法院审结的45件案件进行比较分析可知:《民法典》施行以来,围绕着第1176条第1款的核心争议就是,如何认定"自愿参加具有一定风险的文体活动"?涉及的具体情形包括:足球训练和比赛;受害人到水库中游泳;进行滑雪运动;荡秋千;参加亲子历险闯关节目;某人夜晚穿越河道;行人明知是红灯而故意横穿机动车道路;明知司机饮酒而搭乘其驾驶的机动车;家长带孩子跳蹦蹦床;参加攀岩活动等。以类案比较的方法来读案例,既可以确定民法理论和法条规范的核心区域,也更容易了解充满争议的边缘性问题。足球、篮球、羽毛球等体育比赛等,是比较典型的具有一定风险的文体活动,属于很容易被纳入调整范围的核心区域。可是,文体活动还包括文化活动,即便是体育活动也存在各种情形,有竞技性的、娱乐性的和群众性的。那些边缘区域的纠纷怎么处理,因此,就需要更深入地掌握"具有一定风险的文体活动"的实质要求,在于必须有其他的参与者在内,而且这种风险也是这个文体活动自身而产生的，且是参与者自愿承担的。如果不是该活动内在的风险，而是由于组织者的组织不当或者相关设备的缺陷，或者不是参与者自愿承担的，显然就不能适用自甘冒险。通过这样一番类案比较，并结合对理论和法条的思考，就可以更深入地掌握所学的民法知识。

2020年最高人民法院《关于统一法律适用加强类案检索的指导意见（试行）》规定了所谓的类案检索，并且该意见对于何为类案，哪些情形下必须进行类案检索以及如何进行类案检索等作出了较具体的规定。前述作为阅读案例方法的类案比较与"类案检索"在目的上是有所不同的：类案检索的目的是统一法律适用，做到类案同判。依据最高人民法院的这一意见，类案是指与待决案件在基本事实、争议焦点、法律适用问题等方面具有相似性，且已经人民法院裁判生效的案件。类案检索是依托中国裁判文书网、审判案例数据库等进行类案检索，检索的范围一般包括：（1）最高人民法院发布的指导性案例；（2）最高人民法院发布的典型案例及裁判生效的案件；（3）本省（自治区、直辖市）高级人民法院发布的参考性案例及裁判生效的案件；（4）上一级人民法院及本院裁判生效的案件。除指导性案例以外，应优先检索近三年的案例或者案件；已经在前一顺位中检索到类案的，可以不再进行检索。类案检索可以采用关键词检索、法条关联案件检索、案例关联检索等方法。

在学习民法的过程中，读案例还只是最基本的要求，更重要的是要多进行案例分析，撰写案例分析报告，即要亲自动手，把自己所学的理论知识和法律条文在具体案例的分析中进行有机的结合，这才能真正地学好民法。

5.4 掌握民法方法论

著名法学家拉伦茨教授在经典著作《法学方法论》一书中说：法律人（Jurist）之所以成其为法律人，而不是法史学家或者法社会学家，就在于他运用法学的（jurisprudentieller）方法。[①] 所谓法学的方法，就是在法学的研究活动、法律的解释与适用当中被有意识地加以运用的方法或者思维形式。法学方法论就是要揭示这些方法或者思维形式，并对之进行诠释学上的判断。要想学好民法，就应当阅读一些民法方法论书籍，掌握基本的方法论知识。笔者认为，至少应当掌握以下三部分方法论的知识：（1）关于法条的逻辑结构与类型的知识，即了解一个完整法条的要素包括哪些、不完整法条的类型有哪些（如说明性法条、限制性法条等）；（2）法律适用中的三段论推理（演绎推理），即如何形成作为小前提的案件事实，并据此寻找相应的作为大前提的法律规范，最终得出结论；（3）主要的法律解释方法，包括狭义的法律解释与法律漏洞的填补，狭义的法律解释如文义解释、体系解释、目的解释、历史解释、当然解释、反面解释等不同解

[①] ［德］卡尔·拉伦茨：《法学方法论》，黄家镇译，商务印书馆2020年版，第248页，注释5。

释方法；漏洞的填补的方法如类推适用、目的性扩张和目的性限缩以及基于习惯法等进行漏洞填补等。

5.5　多交流与多写作

《礼记》云："独学而无友，则孤陋而寡闻。"子曰：十室之邑，必有忠信如丘者焉，不如丘之好学也。又曰：三人行，必有吾师。顾炎武先生说：人之为学，不日进则日退。独学无友，则孤陋而难成。久处一方，则习染而不自觉。现代社会浮躁异常，如果没有师友帮助，则难以养成读书的好习惯。没有师友相互讨论、互相砥砺，也无法持久。曾国藩说："师友夹持，虽懦夫亦有立志。"在学习民法的过程中，同学们除了勤奋刻苦外，还需要经常与学友切磋交流，时常向老师请教。一方面，在课程的设置上，法学院应当为高年级的本科生和研究生多开设各类研讨课（Seminar），由同学们作报告并积极发言，参与讨论；另一方面，同学们自己可以组织各种形式的读书小组或案例研讨小组。举凡志同道合者，有识之士皆可加入，大家共同读书讨论，一起研讨案例。当然，最好的还是参加老师组织的读书会。

笔者在清华法学院任教二十年来，除了出国之外，基本上每学期都会组织自己指导的研究生和本科生举办读书会，频率为一个星期一次，大家共同读一些法学领域的好书，每次由一位同学就指定章节进行报告，两位同学进行点评，然后大家相互发问讨论。清华法学院的不少老师也是多年来坚持组织学生开展读书会，这对于学生的培养具有极大的裨益。通过与人交流，可以训练自己的表达能力，无论是在读书会上作报告，还是提出问题或者回答问题，都是在训练清晰表达的能力，这对于法律人非常重要。写作对于法律人而言，更是极度重要。学习法律的人，一定要多说、多写，锻炼自己的口头与书面表达能力。

法律人的写作主要是通过三种方法加以训练的：一是写案例分析报告，二是做文献综述，三是写学术论文。下面的三讲（第6至8讲）将依次介绍如何分析民法案例、做民法的文献综述以及写作民法的学术论文。

5.6 推荐阅读材料

1. ［德］齐佩利乌斯：《法学方法论》，金振豹译，法律出版社2009年版

因为是向初学者介绍法学方法论的基本知识，故此，齐佩利乌斯教授的这本书篇幅短小、言简意赅。该书德文原版不含索引是112页，中译本是160页。故此，本书非常适合初学者阅读。全书共五章，第一章是对法的概念和功能进行介绍；第二章主要介绍法律规范的结构以及法律规范竞合，即法条理论；第三章介绍了法律解释和漏洞填补的方法；第四章则是对法律规范的适用

的介绍，包括如何找法、如何确定事实以及三段论推理的过程；第五章是法的逻辑化和数据处理。

2. ［德］伯恩·魏德士：《法理学》，丁晓春、吴越译，法律出版社 2013 年版

与我国不同，德国大学的法学院没有专门研究法理学的教授，本书作者伯恩·魏德士（Bernd Rüthers）教授的研究领域非常广泛，除法律方法论、法律哲学外，还包括劳动法、民法学、近代法律史、政治法律结构的比较等。在这本《法理学》中，涉及法学方法论的主要是第 4～5 章以及第 20～25 章，非常值得阅读。其中，第 5 章"法与语言"写的非常有意思，读后会让我们更加认识到法律人掌握语言能力的重要性。除了这本非常优秀的法理学著作外，魏德士教授另一本著作《德国民法总论》也被翻译为中文出版，值得推荐。

3. 梁慧星：《民法解释学》（第四版），法律出版社 2015 年版

本书对民法解释学的历史沿革、基本理论及具体方法进行了较为全面的梳理介绍。对于想要了解民法解释学具体方法的同学而言，可以略过第一、二编，直接看第三编。在第三编中，作者结合了不少实例对民法解释的具体方法进行了介绍。梁慧星教授的另一本著作——《裁判的方法》（第四版）（法律出版社 2021 年版）也是关于民法方法论的，因为是讲座记录稿整理而出，故此，全书的语言通俗易懂、简明扼要。

4. ［德］卡尔·拉伦茨：《法学方法论》（全本·第六版），黄家镇译，商务印书馆 2020 年版

毫无疑问，这是一本法学方法论领域的经典著作，值得每一个法律人研读。该书在德国有两个版本，一是全本，一是将历史

第五讲 | 学习民法的基本方法

部分删减之后的学生版。中译本相应也有两个：一个是我国台湾地区学者陈爱娥教授的译本，译的是学生版，商务印书馆 2003 年引进的版权。还有一个就是西南政法大学黄家镇教授翻译的第六版的全本，商务印书馆 2020 年出版。也许是陈教授译本的语言表达不太适合大陆的读者，抑或其他因素，在黄教授的译本出来前的很长一段时间内，多数人认为拉伦茨教授的《法学方法论》很难读。相比较而言，黄教授的这个译本在可读性上超过了陈教授的译本。虽然新的译本是全译本，但如果只是想学习具体法学方法论的同学，也不需要阅读第一部分（该部分是作者对萨维尼以来的德国法学理论与方法论的介绍与批判）。

第六讲

怎样分析民法案例

一个人要想学会游泳,且想要游得好,各种泳姿,蛙泳、自由泳、蝶泳都会,就必须要有好的老师来教。同时,自己也要反复练习、不断改进,最后才能成功。没有好的老师,在池塘、河边自学游泳的大有人在,也许他们也能游得很远,看上去不错,但由于没有受到正规系统的训练,终归是野路子,大部分这类自学成才的人只是会狗刨式或瞎扑腾式,游起来既不好看,效率也低。反之,如果一个人有特别好的老师教他,老师也讲清楚了各种技术要领,现在要带着他下水,可他死活不下水去游,或者是三天打鱼两天晒网地练一下,那么,这个人可能还不如那些自学成才的人,也许永远都学不会游泳,更不可能游好。

学习民法,学好民法,道理和学游泳是一样的。既要有好的教科书、好的老师来引领、指导,更要进行大量的练习和训练。民法案例分析是法学院应当也能够提供的最好的训练方法。分析民法案例,就是运用所学的民法理论、依据正确的民法条文,分析、解决具体民法问题的过程。通过案例分析的训练,可以检验分析者对相关民法概念、规则等理论知识的理解正确与否、掌握程度如何,是检验分析者对民法条文的理解和认识水平的金指标。在成文法国家,无论是法官还是仲裁员,处理案例采取的基本上都是演绎推理的方法。案件事实是小前提,法律规范是大前提,处理结果是结论。由于案例分析训练中的案件事实是给定的、无须争议的,因此,案例分析训练的是确定大前提,即找法,找到正确的法律规范并将之适用于本案。德国民法学采取请求权分析法来分析民法案例,所以,这个找法过程也称为"请求权基础检索"。找到正确的法律条文后,接下来就是对法律规范

第六讲 | 怎样分析民法案例

之构成要件进行分解（请求权的构成要件），并通过在案件事实与法律规范之间反复多次的过程——卡尔·恩吉施教授所谓的"目光的往返流转"（Hin-und Herwandern des Blickes），来判断案件的事实是否满足这些要件。法律思维过程中的这种把通过法律用语所指称的一般概念等同于具体的情境要素的过程，就是所谓的"涵摄"①。无论是找法的能力，还是涵摄的能力，都不是天生的，法律人也不可能依赖所谓的法律感觉或者法感情来找法，必须依赖正确的方法并进行大量的训练，才能逐渐养成这些能力。"在游泳中学会游泳"，在案例分析训练中真正扎实地学好民法、掌握民法。

令人遗憾的是，中国目前的法学教育并不真正重视案例分析的训练。一方面，各个法学院设置的案例分析课程较少，特别是对需要大量案例分析训练的部门法没有开设对应的案例分析课程，例如，就民法而言，至少应当针对总论、物权法、合同法、人格权法、婚姻家庭法、继承法、侵权法等设置对应的案例分析课程。在笔者任教的清华大学法学院，没有任何为研究生开设的民法案例分析课程，而为本科开设的案例分析课程也只有两门——《民法研讨与案例分析》《侵权行为法研讨与案例分析》，这两门课均为 2 学分的课程。更糟糕的是，即便在设置了案例分析课程的学校，老师在教学中对学生的案例分析报告的反馈也很少，多是作业交上来后给个分数了事，既没有老师也没有助教去

---

① ［德］齐佩利乌斯：《法学方法论》，金振豹译，法律出版社 2009 年版，第 141 页。

批改学生的案例分析报告，指出问题所在和改进的方向。在完全缺乏反馈交流的情形下，案例分析训练的效果就大打折扣了。另一方面，适合学生使用的好的案例分析训练的书籍教材目前还不多见。市面上的民法案例教材基本上都是以案说法式教材，即通过案例以更生动形象的方式向学生解说相关的民法知识点，这类教材的模式基本上是：先列出基本事实、法院裁判要旨，然后大段的理论分析，缺少案例分析方面的引导和训练。至于从初级、中级到高级等不同层次的训练案例分析能力的教材更是少之又少。

案例分析课程不足的现状已受到一些高校法学院的关注，北京大学、中国政法大学、华东政法大学、中南财经政法大学、上海财经大学等大学法律院系纷纷开设民法的请求权基础分析法的训练课程。[①] 近年来，国内也陆续出版了一些不错的民法案例分析书籍。其中，国内学者撰写的第一本系统介绍请求权基础分析方法，并用我国法进行案例分析的著作是吴香香教授的《请求权基础：方法、体系与实例》（北京大学出版社 2021 年版）。另外，两本学者主编的民法案例分析书也非常不错。一本是周江洪、陆青和章程等三位学者主编的《民法判例百选》（法律出版社 2020 年版），另一本是彭诚信教授主编的《民法案例百选》（第二版）（高等教育出版社 2022 年版）。这两本书汇集了来自国内著名高校法律院系的中青年民法学者，选用的案例也主要

[①] 参见吴香香：《请求权基础：方法、体系与实例》，北京大学出版社 2021 年版，第 2 页；《2022 年"北大法学院教学沙龙——案例教学"顺利举行》，北京大学法学院官方网站，https://www.law.pku.edu.cn/xwzx/xwdt/138645.htm。

是指导案例、公报案例、最高法院判决的案例等权威性或极具争议的案件，作者们结合自己的专长，在规定的字数内对案例中的疑点难点问题进行分析，言简意赅、详略得当！

此外，翻译出版的两套德国民法案例研习丛书，也值得关注。一套是朱晓喆教授主编、中国法制出版社出版的"德国民商法案例研习译丛"，目前已出四本：《德国物权法案例研习》（第三版）《德国债法分则案例研习》（第八版）《德国继承法案例研习》（第六版）《德国民法总则案例研习》（第十版）；另一套是李昊教授主编、北京大学出版社出版的"法律人进阶译丛（案例研习）"系列，已经出了3本刑法案例辅导书和2本民法案例研习书——《德国物权法案例研习》（第四版）与《德国商法案例研习》（第三版）。

6.1 民法案例分析的步骤

6.1.1 认真阅读案情

在司法实践中，无论是律师代理当事人处理法律纠纷，还是法官、仲裁员裁决案件，最有争议或者说最困难的地方就是确定案件的事实。也就是说，实践中，绝大多数案件的争议是围绕着案件事实而展开的。当事人双方各执一词，通过不断地举证来呈现有利于自己的事实，而法官或仲裁员则必须依据举证责任、自由心证、鉴定等各种方法来确认案件事实，尤其是那些决定性事实。因为，一旦"决定性的案件事实确定下来了，法律争执也就差不多被裁判了"[①]。但是，法学院学习期间进行的案例分析，或者参加国家法律职业资格考试要做的案例分析题就省事多了，案件事实是给定的，不存在争议。分析者要做的事就是集中注意力，认真阅读全部的案情，充分理解案情全部内容，既不能忽略任何案件事实，也不能按照自己的意愿去添加、衍生甚至改变事实，而必须不加更改地将案情事实作为分析的全部基础。

这种情况下，在阅读案情时应当首先假定所给出的任何事实都是重要的，不能轻易地认定冗余信息，除非那些一看就知道是冗余信息的内容，比如，当事人叫张三，还是李四，抑或甲乙丙丁，一般来说无关紧要，除非案件本身就会涉及姓名权或名称权。此外，如果分析的案件是法院裁判过的案件，那么，里面的事实就包括原告陈述的事实，被告陈述的事实以及法院阐明的事实。这种情况下，需要将这些事实都认真阅读一遍，但通常只以法院查明的事实作为案件事实，即作为分析案件的基础。如果经历了二审甚至再审程序的，二审或再审法院查明的事实可能与一审有所不同，此时应当以二审或再审法院查明的事实为准。

6.1.2 草拟关系图

需要进行分析的民法案件的案情可能较为简单，就是张三与

[①] [德]迪特尔·梅迪库斯：《请求权基础》，陈卫佐、田士永、王洪亮、张双根译，法律出版社 2012 年版，第 5 页。

李四或者 A 公司与 B 公司等两方当事人,更多的时候案情比较复杂,不仅涉及各色人等,还会按照时间线不断展开各种事实。这种情况下,非常有必要以关系图的方式可视化地呈现案件主要事实,以有效地辅助对法律问题的分析。

例如,某个侵权案件的事实为:A 单位指派工作人员甲外出办事,甲驾驶自己的轿车出发,同单位的乙因孩子发烧而请假回家,得知甲会经过自己家附近,便提出搭乘甲的车。甲表示同意。甲驾驶的轿车经过某路口时,与 B 公司的司机丙驾驶的运货汽车相撞。甲的汽车被丙的货车碰撞后失控,又撞上了骑电动车的丁。甲、乙、丙、丁四人均受伤,轿车、货车和电动车均受损。公安机关认定,丙负本次事故的主要责任,甲负次要责任,乙和丁无责。

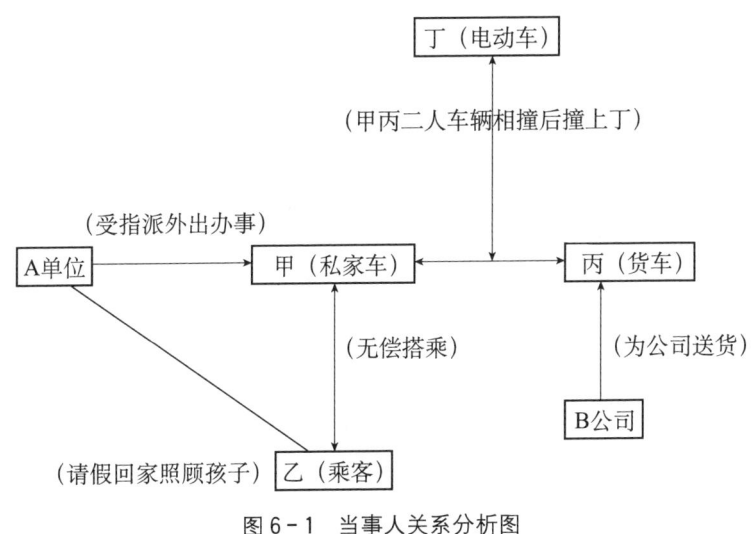

图 6-1 当事人关系分析图

就该案例提出的问题是：甲乙丙丁这四人的人身损害、财产损失如何赔偿？如果用请求权的方式提问就是，甲乙丙丁得分别向何人提出何种请求？由于这个案件涉及的当事人比较多，有六个，即 A 单位、B 公司以及甲、乙、丙、丁。此时，通过以上关系图的方式来展现案情对于下一步的分析就很有帮助。

6.1.3　确定重点疑点问题并撰写提纲

通过可视化的方式展现了案件的主要事实之后，就可以根据问题来确定待分析案件中的重点与疑难问题，然后，可以围绕这些问题来撰写分析提纲。以前述交通事故的案例来说，要回答的问题是：甲、乙、丙、丁可以向何人提出何种请求？面对这样的问题，逐一分析即可。例如，就甲而言，他可能提出请求的对象至少包括：丙、B 公司、A 单位。显然，甲向丙行使侵权赔偿请求权，不存在太多争论。有疑问的是，甲能否向 B 公司和 A 单位提出赔偿请求？对此，需要解决的问题包括：（1）丙作为 B 公司的工作人员，驾驶机动车发生交通事故的情形，是否属于《民法典》第 1191 条第 1 款中的"用人单位的工作人员因执行工作任务造成他人损害"？如果是，B 公司应当承担用人者责任，当丙具有故意或者重大过失时，B 公司承担责任后有权对之追偿；如果丙的行为不属于执行工作任务，则 B 公司无须承担责任，而应由丙向甲承担侵权责任。（2）A 单位是否需要为甲的人身损害承担赔偿责任？对此，需要解决两个问题：一是甲的伤害是否构成工伤？二是 A 单位有无依法参加工伤保险？如果甲的伤害不构成工伤，则不需要讨论第二个问题。也就是说，首先要分析甲外出办事而受到的伤害，并且是因为驾驶私家车外出办事发生交通事故而遭受的损害。此种情形是否构成工伤？如果构成，接下来就是要考察 A 单位是依法参加还是没有参加工伤保险，由于案件事实没有说明，故此可以分别讨论。倘若 A 单位参加了，那么就由 A 单位提出工伤认定申请，A 单位没有提出的，甲可以自行提出；如果没有参加的，由 A 单位依照《工伤保险条例》规定的工伤保险待遇项目和标准支付费用。（3）在甲的伤害构成工伤时，还涉及第三人的侵权赔偿（丙或 B 公司的侵权赔偿责任）与工伤保险赔偿的关系问题，需要进一步讨论。

在分析案例时，要把各个问题点先逐一地、简要地写下来，就形成了一个提纲。其中，一目了然的，很简单的问题，可以直接把答案和依据的法律条文也同时写下来，可以用简写的方式，记录要点即可。提纲为下一步的详细的分析论证提供了思考路径，可以避免正式撰写案例分析报告时发生遗漏问题点的情形。

6.1.4 撰写案例分析报告

在草拟完毕提纲后就是开始撰写案例分析报告。案例分析报告采取什么样的撰写方式，取决于对待处理的案例采取哪一种案例分析方法。所谓"工欲善其事，必先利其器"，没有掌握好的案例分析方法，分析案例的过程会变得条理不清晰、混乱困难，甚至错漏百出。这只是微观的不利后果。从宏观上来说，好的科学的案例分析方法对于法律适用的可预期性和司法效率都具有重要的意义。一方面,科学合理的案例分析训练有助于确保法律适用的确定性、可预期性。排除司法腐败、对法律的理解发生错误等因素,司法实践中之所以会出现"同案不同判""类案不同判"的现象,基本事实相同的案件为什么在不同的法院、同一法院不同的法官手中得到的判决结果千差万别,一个很重要的原因就是裁判者当初在法学院学习期间并未接受系统、科学的案例分析法的训练。许多法官真正养成分析、解决案件的实际能力还是在工作后,往往是摸着石头过河、一点点积累起来的,或者是跟着前辈法官办案,口耳相传获得的经验。这些方法既不科学,也不系统,在很大程度上会导致法律的适用缺乏确定性。

另一方面,科学的案例分析法对于提高司法效率也具有价值。如果司法实践中的口耳相传可以比作小作坊的缝纫店,那么,法学院传授的案例分析方法与培养起来的案例分析能力就相当于用现代化机器设备的大型制衣工厂。裁缝店可能会有手艺特别好的师傅,但一天能做出一件西服就不错了,同时,巨大的人力成本也使这种纯手工方式制作的西服价格昂贵,大众难以消费得起。然而,现代的制衣工厂可以在保证每一件西服品质相同的情形下,每天批量生产出质优价廉的成千上万套西服。这就是科学合理的案例分析方法的另一个方面的优点,即通过大大增强法官与律师们解决纠纷的能力,保证裁判的质量,提升司法效率。

目前,民法案例分析的方法主要有两种:一是法律关系分析法,即通过理顺不同的法律关系,确定其要素及变动情况,从而全面地把握案件的性质和当事人的权利义务关系,并在此基础上通过逻辑三段论的适用以准确适用法律，作出正确的判决或裁决。① 在高校法学院教学中，这种法律关系分析法被运用得较少，除了少数几篇文章外，也没有系统介绍这种方法的著作出版。王泽鉴教授在其《民法思维：请求权基础理论体系》中提到的所谓"历史方法"——就案例事实发生的过程，依序检讨其法律关系②，就是法律关系的分析方法，即就案例事实发生的过程，依照顺序检讨。

二是请求权基础分析法（Anspruchsgrundlage），也称请求权基础检索法。这是由德国法学界发展出来的案例分析方法，也是德国法学界对于民法案例进行分析的最主要方法。③ 随着我国民法界与德国民法界的交流越来越多，尤其是很多学者到德国访问，学生在德国留学以及取得学位，最近十年来，国内一些高校法律院系陆续引入请求权基础分析方法，并以该方法来训练学生的案例分析能力。这方面也有一些非常不错的著作陆续出版，如迪特尔·梅迪库斯教授的《请求权基础》、王泽鉴教授的《民法思维：请求权基础理论体系》、吴香香教授的《请求权基础：方法、体系与实例》等。

---

① 王利明：《民法案例分析的基本方法探讨》，载《政法论坛》2004年第2期。
② 王泽鉴：《民法思维：请求权基础理论体系》，第33页。
③ 德国法学界对民法、刑法与公法的案例分析的方法各有不同：民法是采取请求权基础的方法，刑法案例分析所关注的是某个参与人如何作出了刑事可罚的行为，即在刑法中需要思考，哪些实际发生的作为或者实际发生的不作为具有刑法的相关性以及可能符合哪个犯罪的构成要件；公法案例则重点分析一个起诉或者申请是否可能成功，也就是说，要解决究竟运用哪种法律救济程序可以达到目标。详见〔德〕托马斯·M.J.默勒斯：《法律研习的方法：作业、考试和论文写作》，申柳华、杜志浩、马强伟译，北京大学出版社2019年版，第42-65页。

法律关系分析法以案件事实的检视为重心。请求权基础分析法以规范的寻找为重心。应当说,这两种案例分析的方法各有利弊①,它们之间的差异也许如王轶教授所言,只是司法技术上的差异②,但是,站在真正要成体系地训练学生的案例分析能力的角度来看,会发现法律关系分析法确实比不过请求权基础分析法,因为它并无系统、成体系的训练方法和丰富的实践经验,民法学界也没有几个人用这种方法。相比而言,请求基础分析法在德国行之有年,极为系统、成体系且有丰富的实用经验和理论支撑。因此,我国学者只要不是简单地照搬照抄,而是能够立足于我国法律体系,结合我国民法学研究成果进行相应的调整改造,那么请求权基础分析法应当更符合法学院对学生开展案例训练课程的需要,也更有利于学生培养起分析、解决实际司法问题的能力。

有人认为:请求权基础分析法只是花拳绣腿式的东西,真要遇到内功深厚的人,人家"哈"一声就露馅了。这个观点并不妥当。请求权基础分析法本来就是训练学生、帮助学生掌握分析案例的基本能力的一种方法而已,并不是包治百病的神丹妙药,也没有神秘奇特之处。说白了,它训练的只是基本功。在武侠小说的世界中,人们会发现,除了主角有种种天赐奇遇外,其他功力深厚的武林高手基本上是从一招一式开始练,经年累月而有所成

---

① 对这两种案例分析方法的比较,详见吴香香:《请求权基础:方法、体系与实例》,第 44-52 页。

② 王轶等:《"民法典与社会治理"名家笔谈》,载《北京理工大学学报(社会科学版)》2022 年第 1 期。

的。在法学的世界中,也不例外。学习法律或者任何学科的知识,不存在速成法,更没有武侠小说中"辟邪剑谱""葵花宝典"那些秘籍(就算有也应该没人练吧,呵呵!)。笔者极为敬佩谢怀栻先生,他可以说是民法学术功底极为深厚的法学家了。即便是他老人家,也是读大学时跟着梅仲协等老师一步一个脚印、扎扎实实打下的基础。所以,请求权基础分析法的训练的本质不在于培养出法学大师,而是可以有效地帮助学生从易到难逐步掌握案例分析的基本功,至于最终能否养成分析、处理各种疑难复杂案件的深厚功力,还是只能依靠多读书、多思考与多练习!

6.2 请求权基础分析法

简单地说,请求权基础分析法就是:通过考察当事人的请求权主张,寻求该请求权的规范基础即请求权基础,以确定三段论的大前提,然后将给定的案件事实即小前提归入大前提,从而运用演绎推理的方法,最终确定请求权是否能够得到支持的裁判结论。运用请求权基础分析方法来分析案例,基本构造可以概括为"谁得向谁,依据何种法律规范,主张何种权利"。

请求权基础分析法最核心的任务就是要寻找到支持一方当事人向他方当事人主张权利的法律规范,也就是找到用来支持请求权的法律规范,即请求权基础或者请求权规范基础。请求权基础就是请求权的法律基础,既包括《民法典》等法律中的请求权规范,也包括当事人订立的合同等法律行为。具体而言:一方面,请求权规范是创设请求权的法律规范,包括构成要件和法律后果。《民法典》各编都规定有请求权规范,如第164条、第577条、第1028条、第1165条第1款等。另一方面,法律行为(主要就是合同)也是请求权的法律基础。《民法典》第5条确立了私法自治的原则,民事主体从事民事活动,应当遵循自愿原则,按照自己的意思设立、变更、终止民事法律关系。所谓民事法律行为就是民事主体通过意思表示设立、变更、终止民事法律关系的行为。故此,人们可以通过法律行为特别是合同承担给付义务并赋予他人对此的请求权。具体而言,运用请求权基础分析法分析案例的步骤如下。

6.2.1　阅读并梳理案件事实

首先,要认真细致地阅读案件的事实,确定争议的主要问题。其次,将案件事实加以整理,使之系统化,并借助画出案件的框架图的方式,明确案件当事人以及他们之间发生的法律事实以及形成的法律关系。

6.2.2　区分当事人的请求

任何案件中原告或申请人都要提出具体的诉讼请求或仲裁请求,此时,要对这些请求加以区分,具体包括:(1)区分不同请求的当事人,如甲向乙而非丙提出了请求;(2)区分不同的请求标的，如甲请求乙返还房屋一套并且赔偿损失 10 万元。

6.2.3　寻找请求权规范基础

（一）请求权的检索顺序

所谓请求权，就是指一方针对另一方享有的请求其为或不为一定行为的权利。在民法中，依据请求权产生的法律基础不同，可以将其分为债法上的请求权、物权法上的请求权、人格权法上的请求权、婚姻家庭法上的请求权、继承法上的请求权。德国民法理论认为，在检索请求权的规范基础时，应当依照一定的顺序进行：第一，合同请求权（Ansprueche aus Vertrag），即基于合同而发生的请求权，包括主请求权（如请求履行合同义务）和次请求权（如请求承担违约赔偿责任）。第二，基于缔约过失而产生的请求权（Ansprueche aus Verschulden bei Vertragsverhandlungen）。第三，基于无因管理产生的请求权（Ansprueche aus Geschaeftsfuehrung ohne Auftrag）。第四，物权请求权（Dingliche Ansrprueche）以及占有保护请求权（possessorische Ansprueche），尤其是基于所有人—占有人关系产生的请求权（Eigentuemer-Besitzer-Verhaeltnis）。第五，侵权行为请求权（Ansprueche aus Delikt）。第六，不当得利请求权（Ansprueche aus ungerechtfertigter Bereicherung）。① 之所以采取这种适用顺

---

① ［德］迪特尔·梅迪库斯：《请求权基础》，第 13－14 页；［德］托马斯·M. J. 默勒斯：《法律研习的方法：作业、考试和论文写作》，第 45－46 页。

序，就是因为先被考察请求权的存在与否会影响后被考察的请求权，为了避免做无用功，就必须按照上述顺序。例如，在认定存在合同关系的情形下，显然不需要考察不当得利请求权；再如，无因管理也使干涉他人的行为的违法性被阻却，故而不成立侵权行为，因此，无因管理请求权要在侵权请求权之前考察。

在我国，《民法典》规定的请求权包括了上述类型的请求权，但不限于此，其具体适用顺序如下：第一，合同请求权，包括：(1) 主请求权，即合同一方当事人请求对方当事人履行主给付义务和从给付义务的请求权。例如，买受人请求出卖人交付标的物或提取标的物的单证并转移标的物所有权的义务，是主给付义务请求权（《民法典》第 598 条）；买受人请求出卖人交付提取标的物单证以外的有关单证和资料的义务，是从给付义务请求权（《民法典》第 599 条）。(2) 从请求权，即合同一方当事人违约的情形下，非违约方请求违约方承担支付违约金、赔偿损失等实际履行之外的违约责任的请求权，包括合同被依法解除后请求恢复原状、赔偿损害的请求权，如《民法典》第 566 条、第 577 条等。

第二，类似合同的请求权，主要就是缔约过失责任的请求权（《民法典》第 500 条、第 501 条）。吴香香教授认为《民法典》第 171 条第 3 款规定的无权代理中善意相对人请求行为人履行债务的请求权，也属于类似合同的请求权。笔者倾向于认为，该请求权也是合同请求权，此时不是在相对人与被代理人之间，而是在相对人与行为人之间成立合同。

第三，无因管理的请求权，即《民法典》第 979 条至第 983

条关于无因管理中的请求权的规定。

第四,物权法上的请求权,包括物权请求权与占有保护请求权,前者即《民法典》第235条与第236条规定的返还原物请求权、排除妨害请求权、消除危险请求权,后者为《民法典》第462条第1款规定的三种占有保护请求权。

第五,人格权请求权,即《民法典》第四编人格权中规定的保护人格权的圆满性的请求权,如第995条规定的停止侵害、排除妨碍、消除危险这三类请求权;第1028条和第1029条规定的请求采取更正、删除等必要措施的请求权。

第六,侵权赔偿请求权,如《民法典》第1165条第1款规定的基于过错责任产生的侵权赔偿请求权。

第七,不当得利请求权,即《民法典》第985条和第988条规定的请求得利人返还取得的利益、赔偿损害等请求权。

通过检索各个请求权,大体明确了原告可能享有的请求权后,就可以列出案例分析大纲,在每一个请求权后注明其请求权基础规范即哪一个或哪一些法律条文,如果是合同案件也可以注明对应的合同条款。仅就《民法典》来说,就有1260个条文。这么多的条文中哪些是请求权基础,哪些是辅助性规范,哪些是防御规范,需要认真识别。

(二)涵摄

所谓涵摄,简单地说,就是把系争案件的事实归入相应的法律规范,并将该法律规范规定的抽象的前提条件与案件的具体事实反复加以比较的过程。这是案例分析中最复杂也最重要的部分，在这一部分，要仔细检索每一个请求权基础的条件是否得到满足，不能有遗漏。具体而言，可以分为以下步骤。

第一步，分解构成要件。确定某一个请求权的规范基础之后，对该请求权基础的构成要件进行分解。

第二步，将案件事实归入构成要件。在明确了请求权基础的构成要件后，需要将案件事实归入构成要件，即检验案件事实是否满足请求权基础的各个构成要件。这就需要反复进行多次的三段论即演绎推理的过程。该过程有时很简单，如张三醉酒驾车将行人李四撞死了，这是否构成对李四生命权的侵害，显然很容易回答。有时则较复杂，比如，判断某个民事法律行为是否违背公序良俗。将构成要件归入案件事实的过程也是一个法律解释的过程，涉及文义解释、体系解释、目的解释等多种法律解释方法。

第三步，确定是否存在抗辩。抗辩包括但不限于抗辩权，所谓抗辩（Einreden）是指，任何在诉讼或者仲裁中能够用来对抗原告或申请人的理由，包括三类：（1）权利阻却之抗辩（Rechtshindernde Einrede），即被告陈述阻止原告请求权发生的一个或多个事实，例如，主张订立合同的当事人是无民事行为能力人，故此，订立的合同是无效的，当事人之间没有合同关系；（2）权利消灭之抗辩（Rechtsvernichtende Einrede），即被告陈述一个或多个能够消灭已发生的请求权的事实，例如，被告陈述已经履行了付款义务，向原告支付了全部价款；（3）权利阻碍之抗辩（Rechtshemmende Einrede），即被告不反对请求权的产生和存在，但主张拒绝履行，从而妨碍原告的请求权，其属于反对权（Gegenrecht），如消灭时效抗辩权。在德国民法学说中，前两个抗辩属于"毋须当事人主张的抗辩"（Einwendung），即当事人只要提到相关事实，即使未援引或主张，法院也必须予以考虑。而且，其目的在于否认对方权利，故又称"权利否定之抗辩"。汉斯·布洛克斯教授认为，民法典上的抗辩仅仅是指第三种抗辩，即"权利障碍之抗辩"，这才是实体法上的抗辩权（Einrede）。[①]它不影响请求权的存续，只是妨碍其行使，且必须由当事人主张，才可发生法律效果，包括延期的抗辩权（例如同时履行抗辩权）和永久的抗辩权（消灭时效抗辩权）。无论是否属于需要当事人主张的抗辩，在分析案例的时候都必须关注，无非前两种抗辩在分析请求权的构成要件时，就已经讨论了，而第三种抗辩即抗辩权则需要单独关注。换言之，即便确定了案件事实满足请求权基础的所有构成要件，还要继续考虑对方当事人是否能够针对该请求权提出相应的抗辩权，请求权与抗辩权是矛与盾的关系，由于它们可能一时地或永久地阻止请求权的行使。故此，需要审查对方当事人提出的抗辩权是否符合相应的法律规范，这样就需要再次使用归入法（涵摄）。

6.2.4 结论

在完成上述三个步骤后，最后的阶段就是得出整个案件分析的结论。比如，请求权是成立的，那么就可以说，原告（申请

---

① Brox/Walker, Allgemeiner Teil des BGB, 43. Aufl., Vahlen, 2019., S. 294 - 296.

人)可以依据《民法典》或某某法的某某规定向被告(被申请人)提出何种请求。检验完毕一个请求权基础后,应当继续以同样的方式检验下一个请求权基础的构成要件和抗辩等。

在多个请求权都成立的情形下,还要注意可能存在的请求权基础的竞合或者聚合。请求权基础竞合最典型的情形就是合同请求权中的违约赔偿请求权与侵权赔偿请求权的竞合。《民法典》第186条规定:"因当事人一方的违约行为,损害对方人身权益、财产权益的,受损害方有权选择请求其承担违约责任或者侵权责任。"此外,侵权请求权与无因管理请求权、不当得利请求权都可能存在竞合。

所谓请求权基础聚合,即原告可以同时向被告行使多个请求权,如既可以要求被告返还原物,还可以要求其承担侵权赔偿责任,就是物权请求权与侵权赔偿请求权的聚合。

6.3 请求权基础分析法示例

6.3.1 租赁合同纠纷案

一、案情

2020年12月30日,A公司与B公司签订了"房屋租赁合同"。该合同第1条约定,A公司将房屋出租给B公司,B公司用该房屋经营小吃店。该房屋套内面积为 800 平方米,租赁期自 2021 年 1 月 1 日起至 2023 年 12 月 31 日止,月租金为每平方米 10 元;第 2 条约定,承租人 B 公司应当按照每三个自然月为一期支付一次租金和物业费;第 3 条约定,B 公司应当向 A 公司缴纳 2 万元作为履约保证金;第 4 条约定,承租人违约提前终止合同或者不履行合同的,应当向出租人支付相当于 6 个月租金的违约金,同时出租人有权没收履约保证金。合同签订后,双方开始履行,B 公司向 A 公司支付了截止到 2021 年 8 月 30 日为止的案涉房屋的租金和物业费。

2021 年 8 月 15 日,B 公司向 A 公司发函称:因新冠肺炎疫情原因导致无法经营,属于因不可抗力导致合同目的无法实现,故此,依法解除本案合同。A 公司于 2021 年 8 月 25 日回函给 B 公司称:B 公司无权单方解除本案合同,将要依法追究 B 公司的违约责任。同月 27 日,A 公司又发函给 B 公司称:按照合同约定,B 公司应当在 2021 年 9 月 1 日之前支付 2021 年 9 月、10 月和 11 月三个月的租金共 24 000 元,请 B 公司尽快支付租金。2021 年 9 月 15 日,A 公司再次发函给 B 公司称:B 公司如果在 15 天内不支付租金,A 公司将于 2021 年 10 月 1 日起解除本案合同并追究 B 公司的违约责任。B 公司于 2021 年 9 月 1 日自行从案涉房屋中搬离。

2021 年 11 月 1 日,A 公司向法院提起诉讼,请求法院判决:(1)确认"房屋租赁合同"于 2021 年 10 月 1 日被 A 公司依法解除;(2)确认 A 公司有权没收 B 公司的履约保证金 2 万元;(3)B 公司按照合同约定向 A 公司支付相当于 6 个月租金的违约金 4.8 万元。

二、分析

（一）本案应适用的法律

我国《民法典》是在 2021 年 1 月 1 日起施行的，故此，就涉及处理本案应当适用的究竟是《民法典》，还是《民法总则》《合同法》《民法通则》等法律。《立法法》第 93 条规定："法律、行政法规、地方性法规、自治条例和单行条例、规章不溯及既往，但为了更好地保护公民、法人和其他组织的权利和利益而作的特别规定除外。"《最高人民法院关于适用〈中华人民共和国民法典〉时间效力的若干规定》第 1 条规定："民法典施行后的法律事实引起的民事纠纷案件，适用民法典的规定。民法典施行前的法律事实引起的民事纠纷案件，适用当时的法律、司法解释的规定，但是法律、司法解释另有规定的除外。民法典施行前的法律事实持续至民法典施行后，该法律事实引起的民事纠纷案件，适用民法典的规定，但是法律、司法解释另有规定的除外。"本案合同订立在 2021 年 1 月 1 日《民法典》实施之前，合同的履行和产生的纠纷都是在《民法典》施行之后，故此，依据上述司法解释的规定，应当适用《民法典》的规定。

（二）房屋租赁合同的成立与效力

在分析任何合同引起的纠纷案件时，首先，要确定当事人之间是否成立合同，成立了何种合同，然后确定合同的效力状态，是有效、无效还是可撤销等。对于合同是否成立，在《民法典》中的规定就是第469条至第493条。依据这一规定来判断，A公司与B公司之间的合同成立，并且从合同的内容来看，成立的是房屋租赁合同。①

其次，关于房屋租赁合同的效力问题，依据《民法典》第502条第1款："依法成立的合同，自合同成立时生效，但是法律另有规定或者当事人另有约定的除外。"这就是说，如果有人认为合同是无效的或可撤销的，如存在《民法典》第144条至第154条所规定的情形的，那么其必须举证证明。当然，本案当事人A公司与B公司没有提出本案合同无效或者可撤销的抗辩，并且合同当事人的意思表示真实，不存在违反法律、行政法规的强制性规定和公序良俗的情形，故此房屋租赁合同合法有效。

（三）A公司要求确认房屋租赁合同于2021年10月1日被解除的请求

A公司第一项请求是确认房屋租赁合同已经于2021年10月1日被解除。《民法典》第565条第1款规定："当事人一方依法主张解除合同的，应当通知对方。合同自通知到达对方时解除；通知载明债务人在一定期限内不履行债务则合同自动解除，债务人在该期限内未履行债务的，合同自通知载明的期限届满时解除。对方对解除合同有异议的，任何一方当事人均可以请求人民

---

① 在和笔者的讨论中，吴香香教授提出了另一种分析思路，即直接分析解除权，在分析解除权的项下讨论合同效力问题。

法院或者仲裁机构确认解除行为的效力。"由此可知，A 公司可以请求法院确认其解除行为的效力。

本案合同是否于 2021 年 10 月 1 日被解除，取决是否满足以下两个要件：其一，A 公司享有法律规定的或者当事人约定的解除权；其二，A 公司通知了 B 公司。由于本案案情没有提供关于当事人之间约定解除权的事实，故此，只能考察 A 公司是否享有法定解除权。《民法典》第 563 条第 1 款规定的法定解除权的情形包括：（1）因不可抗力致使不能实现合同目的；（2）在履行期限届满前，当事人一方明确表示或者以自己的行为表明不履行主要债务；（3）当事人一方迟延履行主要债务，经催告后在合理期限内仍未履行；（4）当事人一方迟延履行债务或者有其他违约行为致使不能实现合同目的；（5）法律规定的其他情形。从本案事实来看，B 公司应当在 2021 年 9 月 1 日之前支付未来 3 个月的租金，但没有按期支付，迟延履行主要债务，且在 A 公司于 2021 年 9 月 15 日催告并在合理期限（15 天）内仍然没有履行，故此，A 公司有可能依据《民法典》第 563 条第 1 款第 3 项的规定，解除本案房屋租赁合同。同时，A 公司已经于 2021 年 9 月 15 日向 B 公司发出了解除合同的通知，该通知中明确提到"B 公司如果在 15 天内不支付租金，A 公司将于 2021 年 10 月 1 日起解除本案合同"。

这里需要考察的一个问题是，B 公司拒绝支付租金是否有正当理由？B 公司于 2021 年 8 月 15 日向 A 公司发函称：因新冠肺炎疫情原因导致无法经营，属于因不可抗力导致合同目的无法实现，故此，依法解除本案合同。也就是说，B 公司的抗辩是自己有权单方解除合同,故此无须继续支付租金,并且不承担违约责任。《民法典》第563条第1款第1项规定,因不可抗力致使不能实现合同目的,当事人可以解除合同。所谓不可抗力是指,不能预见、不能避免且不能克服的客观情况(《民法典》第180条第2款)。新冠肺炎疫情当然属于客观情形,但是疫情发生于2019年底,而本案合同订立于2020年12月30日,此时疫情已经肆虐了一年,显然疫情及其对合同履行可能产生的影响都是双方当事人能够预见的,当事人于这种情形下订立的房屋租赁合同是已经考虑了疫情因素的,故此,不能认为疫情是不可抗力。B公司不得以不可抗力致使不能实现合同目的为由解除本案合同,其不按照约定支付租金的行为,构成违约行为。

综上所述,法院应当确认本案的房屋租赁合同于2021年10月1日被解除。

(四) A公司有权没收B公司的履约保证金2万元

本案"房屋租赁合同"第4条明确约定,承租人违约提前终止合同或者不履行合同的,应当向出租人支付相当于6个月租金的违约金,同时出租人有权没收履约保证金。本案中,B公司作为承租人无正当理由拒不履行合同,导致本案合同被解除,故此,符合该条的没收履约保证金的约定。因此,A公司有权没收B公司的履约保证金2万元,不予退还。

(五) B公司按照合同约定向A公司支付违约金4.8万元

B公司是否需要向A公司支付违约金,需要满足以下要件:

(1) 存在违约金的约定且该约定合法有效。《民法典》第 585 条第 1 款规定，当事人可以约定一方违约时应当根据违约情况向对方支付一定数额的违约金，也可以约定因违约产生的损失赔偿额的计算方法。本案合同第 4 条是违约金的约定，即承租人违约提前终止合同或者不履行合同的，应当向出租人支付相当于 6 个月租金的违约金。此外，《民法典》第 566 条第 2 款规定："合同因违约解除的，解除权人可以请求违约方承担违约责任，但是当事人另有约定的除外。"支付违约金是违约责任的一种方式，故此，虽然本案合同被 A 公司依法解除，但是不影响 A 公司要求 B 公司承担包括支付违约金在内的违约责任。（2）满足支付违约金的条件。作为承租人的 B 公司没有按照约定履行合同导致本案合同被 A 公司依法解除，故此，满足了承租人违约提前终止合同这一支付违约金的条件。

综上所述，B 公司应当向 A 公司支付违约金。要注意的是，B 公司可以提出的一个抗辩是违约金酌减抗辩。《民法典》第 585 条第 2 款第 2 句规定："约定的违约金过分高于造成的损失的，人民法院或者仲裁机构可以根据当事人的请求予以适当减少。"在本案中，由于 A 公司已经没收了 B 公司交纳的 2 万元履约保证金，如果 B 公司再支付 6 个月租金的违约金，则二者的总金额为 68 000 元，相当于 8 个半月的租金。考虑到疫情期间，非违约方再行将案涉房屋出租出去的难度较大，所需要的时间较长，故此应当认为违约金并未过分高于造成的损失，因而对于 B 公司的违约金酌减抗辩不予支持。

（六）结论

通过上述分析，本案的处理结果为：(1) 确认房屋租赁合同于 2021 年 10 月 1 日被解除；(2) A 公司有权没收 B 公司的履约保证金 2 万元；(3) B 公司应当向 A 公司支付违约金 4.8 万元。

6.3.2 过失致人死亡案

一、案情

M 发现其商业合作伙伴 G（50 岁）骗了他 20 万元，于是找 G 理论。两人发生争执，进而相互大打出手。打斗的过程中，M 将 G 推倒，G 的头部碰到写字台，G 被送医后，因重伤不治而亡。G 有两次婚姻，与前妻 F（已去世）生的孩子 X，现年 10 岁；与现任妻子 L 生的孩子 Y，现年 8 岁。两个孩子都与 G 一起生活，G 生前立下遗嘱，表示其个人全部财产由 L 继承。

二、问题

何人得就 G 之死亡向 M 提出何种请求？

三、分析

本案显然属于侵权纠纷类型的案件，M 和 G 之间的纠纷不是合同纠纷而是侵权纠纷。从请求权检索来看，很快就能确定本案的关键是一个侵权损害赔偿请求权的问题，即确定何人针对 M 可以行使侵权赔偿请求权。在分析侵权赔偿请求权时，首先要分析请求权成立与否，即侵权赔偿责任是否成立；然后再分析，侵权责任如何承担，包括承担方式、赔偿的范围等。

分析本案中针对 M 的侵权赔偿请求权是否成立，必须先要找到相应的请求权基础。《民法典》第 1165 条第 1 款规定的过错责任是侵权赔偿责任的基本归责原则，而依据《民法典》第 1165 条第 2 款、第 1166 条，过错推定责任与无过错责任都必须有法律的明确规定。所谓法律的明确规定既包括《民法典》的规定，也包括其他法律的规定如《产品责任法》《个人信息保护法》《电子商务法》《证券法》等的规定。这就是说，在寻找侵权赔偿请求权的规范基础时，应当遵循从特殊到一般的规则，即先看《民法典》和其他法律是否有关于过错推定责任、无过错责任的特别规定，如果没有，就适用过错责任。如果既没有对过错推定责任、无过错责任的特别规定，也不能适用过错责任，那么侵权损害赔偿请求权就不能成立。但是，由于《民法典》第 1186 条还规定了，受害人和行为人对损害的发生都没有过错的，依照法律的规定由双方分担损失。故此，虽然不产生侵权赔偿请求权，但是可以产生分担损失的请求权。

具体到本案，M 是与 G 打架过程中造成 G 死亡的，法律并未对此类加害行为规定过错推定责任或无过错责任，故此，应当适用的是《民法典》第 1165 条第 1 款的过错责任。该款规定："行为人因过错侵害他人民事权益造成损害的，应当承担侵权责任。"因此，在本案中，只能是依据该款向 M 行使侵权赔偿请求权。

(一) 侵权赔偿请求权的成立

依据《民法典》第1165条第1款,侵权赔偿请求权必须满足以下要件:(1)行为人实施了侵害他人民事权益的加害行为;(2)该加害行为造成了损害;(3)存在因果关系;(4)行为人具有过错。

(1) M实施了侵害G的民事权益的加害行为,显然,这一点是没有争议的,因为M与G发生争吵进而互殴,在打斗过程中,M将G推倒在地,导致G头部中伤死亡。故此,M实施了侵害G的生命权的加害行为。《民法典》第1002条明确规定:"自然人享有生命权。自然人的生命安全和生命尊严受法律保护。任何组织或者个人不得侵害他人的生命权。"

(2) 该加害行为造成了损害。M实施的侵害G的生命权的加害行为当然造成了损害,包括G的医疗费、死亡赔偿金等财产损害以及G的近亲属的精神损害。

(3) 存在因果关系。这里的因果关系涉及两个层次:一是责任成立的因果关系,即加害行为与民事权益被侵害的因果关系,二是责任范围的因果关系,即权益被侵害与损害之间的因果关系。此处作为侵权赔偿请求权的构成要件的因果关系是指责任成立的因果关系,而责任范围的请求权一般是在侵权赔偿请求权的范围中加以分析。当然,在本案中,这两层因果关系都是存在的,而且没有复杂之处。

(4) 过错。G与M发生争吵并互殴,在打斗时推倒M,致M死亡,主观上当然是有过错的,至于这种过错是故意还是过失,对于侵权赔偿请求权没有影响,可能涉及刑事责任中的定罪问题,如故意杀人罪抑或过失杀人罪等。

在满足上述要件的情形下,可以得出如下中期结论1:

→中期结论1:可以依据《民法典》第1165条第1款针对M行使侵权赔偿请求权。换言之,M的侵权赔偿责任成立。

(二)侵权赔偿请求权的范围

本案中G的生命权遭受了侵害,生命权属于人格权。侵害人格权造成的损害既包括财产损害,也包括精神损害。首先,对于侵害生命权的财产损害,《民法典》第1179条规定:"侵害他人造成人身损害的,应当赔偿医疗费、护理费、交通费、营养费、住院伙食补助费等为治疗和康复支出的合理费用,以及因误工减少的收入。造成残疾的,还应当赔偿辅助器具费和残疾赔偿金;造成死亡的,还应当赔偿丧葬费和死亡赔偿金。"其次,对于侵害生命权的精神损害,《民法典》第1183条第1款规定:"侵害自然人人身权益造成严重精神损害的,被侵权人有权请求精神损害赔偿。"

1. 财产损害赔偿的范围

(1)医疗费。从本案事实来看,G被送医救治后,因伤重不治而亡,M应当赔偿。《最高人民法院关于审理人身损害赔偿案件适用法律若干问题的解释》(以下简称《人身损害赔偿解释》)第6条规定:"医疗费根据医疗机构出具的医药费、住院费等收款凭证,结合病历和诊断证明等相关证据确定。赔偿义务人对治疗的必要性和合理性有异议的,应当承担相应的举证责任。医疗费的赔偿数额,按照一审法庭辩论终结前实际发生的数额确定。

器官功能恢复训练所必要的康复费、适当的整容费以及其他后续治疗费，赔偿权利人可以待实际发生后另行起诉。但根据医疗证明或者鉴定结论确定必然发生的费用，可以与已经发生的医疗费一并予以赔偿。"

（2）护理费、交通费、营养费、住院伙食补助费等为治疗和康复支出的合理费用。这些费用的确定方法，《人身损害赔偿解释》第 7 条至第 11 条有详细规定。当然，如果没有实际支出这些费用，不得请求赔偿。

（3）丧葬费。《人身损害赔偿解释》第 14 条规定："丧葬费按照受诉法院所在地上一年度职工月平均工资标准，以六个月总额计算。"

（4）死亡赔偿金。因为 M 侵害 G 的生命权，导致了 G 的死亡，故此，需要赔偿死亡赔偿金。《人身损害赔偿解释》第 15 条规定："死亡赔偿金按照受诉法院所在地上一年度城镇居民人均可支配收入标准，按二十年计算。但六十周岁以上的，年龄每增加一岁减少一年；七十五周岁以上的，按五年计算。"G 死亡时是 50 周岁，故此应当按照 20 年计算。此外，《人身损害赔偿解释》第 16 条规定："被扶养人生活费计入残疾赔偿金或者死亡赔偿金。"本案死者 G 有两个儿子即 X 和 Y，二人均未满 18 岁，G 对他们有法定抚养义务，《人身损害赔偿解释》第 17 条第 2 款第 1 句规定："被扶养人是指受害人依法应当承担扶养义务的未成年人或者丧失劳动能力又无其他生活来源的成年近亲属。"故此，X 和 Y 是 G 生前的被扶养人。按照《人身损害赔偿解释》第 17 条第 1 款之规定，被扶养人生活费根据扶养人丧失劳动能力程度，按照受诉法院所在地上一年度城镇居民人均消费支出标准计算。被扶养人为未成年人的,计算至十八周岁。

2. 精神损害赔偿的范围

《民法典》第 1183 条第 1 款规定:"侵害自然人人身权益造成严重精神损害的,被侵权人有权请求精神损害赔偿。"生命权属于自然人的人格权,因为生命权被侵害当然会对其近亲属造成严重的精神损害。具体如何确定精神损害的赔偿数额,依据《最高人民法院关于确定民事侵权精神损害赔偿责任若干问题的解释》第 5 条的规定,要根据以下因素确定:(1)侵权人的过错程度,但是法律另有规定的除外;(2)侵权行为的目的、方式、场合等具体情节;(3)侵权行为所造成的后果;(4)侵权人的获利情况;(5)侵权人承担责任的经济能力;(6)受理诉讼法院所在地的平均生活水平。

需要注意的是,M 导致 G 死亡的行为构成犯罪行为,属于过失致人死亡罪。[①]《刑事诉讼法》第 101 条第 1 款规定:"被害人由于被告人的犯罪行为而遭受物质损失的,在刑事诉讼过程中,有权提起附带民事诉讼。被害人死亡或者丧失行为能力的,被害人的法定代理人、近亲属有权提起附带民事诉讼。"由于该款只是规定了被害人因犯罪行为遭受的"物质损失"可以在刑事诉讼中附带提起民事诉讼,于是,《最高人民法院关于适用〈中华人民共和国刑事诉讼法〉的解释》第 175 条第 2 款规定:"因受到犯罪侵犯,提起附带民事诉讼或者单独提起民事诉讼要求赔偿精神

---

① 周光权主编:《如何解答刑法题》,北京大学出版社 2021 年版,第 244—251 页。

损失的，人民法院一般不予受理。"如果适用这个司法解释的规定（笔者不赞同该规定），那么M就不需要承担精神损害赔偿。

→中期结论2：侵权赔偿请求权的范围包括：医疗费、护理费、交通费、营养费、住院伙食补助费、丧葬费、死亡赔偿金。

3. M请求减轻赔偿责任的抗辩

需要考虑的是，M可否请求减轻赔偿责任？《民法典》第1173条规定："被侵权人对同一损害的发生或者扩大有过错的，可以减轻侵权人的责任。"这是关于受害人过错的规定。受害人过错，也称与有过失、过失相抵。要适用过失相抵，必须满足以下条件：(1) 被侵权人存在过错；(2) 被侵权人的过错与同一损害的发生或者扩大有因果关系。

在本案中，受害人G与侵权人M发生争执，且该争执是由于G欺骗M所致，因此受害人G是有一定过错的。但是，这种过错并非导致同一损害发生的过错。所谓同一损害，就是G死亡这一损害。对于G而言，导致同一损害发生的过错是，其与M进行的互殴行为，在互殴的过程中M失手将G推倒，以致G头部受伤而亡。所以，受害人G对于同一损害的发生是具有过错的。当然，如果案件事实修改为受害人G的行为构成正当防卫，则不能认为G对于同一损害的发生具有过错。

→中期结论3：M可以依据《民法典》第1173条请求减轻赔偿义务。

（三）侵权赔偿请求权的主体

《民法典》第1181条第1款第1句规定："被侵权人死亡的，

其近亲属有权请求侵权人承担侵权责任。"所谓近亲属,是指配偶、父母、子女、兄弟姐妹、祖父母、外祖父母、孙子女、外孙子女(《民法典》第1045条第2款)。本案中,X、Y是受害人G的儿子,L是受害人G的妻子。故此,X、Y、L属于赔偿权利人,有权请求M承担侵权赔偿责任。

需要讨论的是,由于G生前留有遗嘱,将所有的个人财产留给L,因此L是否能够基于该遗嘱而主张死亡赔偿金是G的遗产,应当由其个人全部取得呢?在我国法上,死亡赔偿金是指,侵权人对因侵权行为而死亡的受害人的法定继承人所赔偿的因受害人死亡而遭受的未来可继承的收入损失。由此可见,死亡赔偿金是侵权人向对死者近亲属所支付的赔偿费用,有权获得死亡赔偿金的是死者的近亲属。故此,死亡赔偿金不属于死者生前的个人财产,不能在死者死后成为遗产,自然无法由死者在生前通过遗嘱加以处分。最高人民法院民事审判第一庭2005年3月22日作出的《最高人民法院关于空难死亡赔偿金能否作为遗产处理的复函》(〔2004〕民一他字第26号)也明确指出:"空难死亡赔偿金是基于死者死亡对死者近亲属所支付的赔偿。获得空难死亡赔偿金的权利人是死者近亲属,而非死者。故空难死亡赔偿金不宜认定为遗产。"因此,G所立遗嘱不影响X、Y请求M支付死亡赔偿金的请求权。

→中期结论4:X、Y、L属于赔偿权利人,有权请求M承担侵权赔偿责任。

最终结论:L、X、Y有权向M行使侵权赔偿请求权,该赔偿请求权的范围包括:医疗费、护理费、交通费、营养费、住院伙食补助费等为治疗和康复支出的合理费用，丧葬费以及死亡赔偿金。

6.4　试着撰写判例评析

通过请求权基础分析法进行案例分析撰写出来的是案例分析报告，判例评析则有所不同。案例分析报告侧重于对学生进行法律解释与适用的训练，判例评析则更侧重于对理论上的疑点与难点问题的研究分析。也就是说，判例评析是以判例作为研究的对象或研究起点的学术论文。日本民法学者将判例评析分为个案判例评析与综合判例评析两类。个案判例评析是以单体之判例为对象的研究，而综合判例评析是对作为集合体的判例进行的研究。[①]实际上，民法的学术论文本身也不可能脱离判例来讨论问题，许多论文在讨论某个研究的主题时必须对涉及该主题的多个判决进行研究或以之作为研究的出发点。因此，综合判例评析基本上和纯粹的学术论文没有什么差别。

在笔者看来，判例评析仅指单个案例评析，也就是说，针对特定的某个案件或者某篇判决书中的疑点、争点或难点问题进行研究从而撰写的文章。例如，梁慧星教授的《雇主承包厂房拆除工程违章施工致雇工受伤感染死亡案评释》（《法学研究》1989 年

---

① ［日］大村敦志等：《民法研究指引：专业论文撰写必携》，徐浩等译，北京大学出版社 2018 年版，第 250 页。

第 4 期)、《电视节目预告表的法律保护与利益衡量》(《法学研究》1995 年第 2 期);崔建远教授的《姓名与商标:路径及方法论之检讨——最高人民法院 (2016) 最高法行再 27 号行政判决书之评释》(《中外法学》2017 年第 2 期),笔者的《受害人特殊体质与损害赔偿责任的减轻——最高人民法院第 24 号指导案例评析》(《法学研究》2018 年第 1 期) 等。我国学者对于撰写案例评析的兴趣似乎不是很大,以针对最高人民法院公布的指导案例的评析为例,到目前为止,包括民法、刑法、行政法、诉讼法等学科在内的案例评析也就是区区六十几篇而已,其中,针对所有指导案例中被法官裁判时引用次数最多的第 24 号指导案例的评析文章,也只有 7 篇。

  对于学习民法的本科生与研究生而言,在学习运用请求权基础分析法进行案例分析的同时,辅之以判例评析,是一种很好的学习和训练。运用请求权基础分析法分析案例,更侧重于训练分析的体系性和系统性,要对整个案件进行庖丁解牛式的、全方面的分析,并且还要受制于案件分析题的出题人所提出的问题。但是,判例评析则不需要如此。撰写判例评析可以只是针对个案裁判理由的某个理论作为研究的对象,即将法官的论证理由作为一种学说或者作为可质疑的点加以讨论,也可以基于个案的特定事实研究相关民法规范在处理该事实类型时存在的障碍,进而引出可以探讨的问题。故此,判例评析不是全面推进,而是重点突破。例如,在《婚内财产分割协议、夫妻财产制契约的效力与不动产物权变动——"唐某诉李某某、唐某乙法定继承纠纷案"评释》(《暨南学报(哲学社会科学版)》2015 年第 3 期) 中,笔者

第六讲 | 怎样分析民法案例

不需要对这个案件中的各种可能的请求权都去分析，而只是需要就案件中的争议法律问题加以分析即可，这些问题主要包括：首先，本案中的分居协议书的性质是什么，是离婚财产分割协议还是婚内财产分割协议？其次，如果分居协议书是婚内财产分割协议，那么该协议是否有效？再次，如果该协议有效，它是否就可以在不登记的情形下直接导致不动产物权变动？又次，分居协议对案涉房屋的归属的约定能否对抗协议外的第三人；最后，当分居协议书对房屋所有权归属的约定与不动产登记簿的记载不一致时，以何者为准？

与学术论文相比，个案判例评析的难度相对要小一些，因为作者可以将研究的范围或者论域限缩在被研究的判例所给定的事实和裁判要旨的论域之内，不需要就研究主题所涉及的问题做面面俱到的论述。当然，作者也可以不受判例事实和裁判要旨的论域所限而进一步发挥。例如，在《受害人特殊体质与损害赔偿责任的减轻——最高人民法院第 24 号指导案例评析》这篇案例评析中，笔者就不仅针对第 24 号指导案例的裁判要旨进行研究，还将研究的范围进行了适当的扩展，研究的问题包括：首先，侵权法上受害人的特殊体质究竟是指什么？为什么要关注受害人的特殊体质？其次，在第 24 号指导案例中，尽管的确是受害人的特殊体质造成了损害后果的扩大，为什么法院却认为该特殊体质与损害后果间没有法律上的因果关系？有无必要考虑特殊体质与损害后果间的因果关系类型，分别判断能否减轻赔偿责任？再次，受害人的特殊体质可否被评价为受害人的过错，从而依据《侵权责任法》第 26 条减轻赔偿责任？如果可以，究竟是特殊体质这一客观事实本身应被评价为受害人过错,还是由于受害人违反了基于其特殊体质产生的对自己更高的照顾保护义务而认定其具有过错?在减轻赔偿责任时,有无必要考虑加害人的过错类型或其对损害后果的发生有无预见的可能性?最后,第24号指导案例的裁判要点中为何要以"交通事故的受害人没有过错"作为受害人体质状况对损害后果的影响不属于可以减轻责任的法定情形的前提?这个"过错"究竟指的是什么?

6.5 推荐阅读材料

1. [德]迪特尔·梅迪库斯:《请求权基础》,陈卫佐等译,法律出版社2012年版

迪特尔·梅迪库斯
(Dieter Medicus, 1929—2015)

本书是德国著名民法学家迪特尔·梅迪库斯教授的经典之作。全书篇幅不大，中文版的正文内容也就是 200 页左右。在如此短的篇幅中，能够做到对整个德国民法上的请求权体系进行宏观和微观结合之精辟阐述的，也只有梅迪库斯这样的大家方能胜任。《请求权基础》（Grundwissen zum Bürgerlichen Recht：Ein Basisbuch zu den Anspruchsgrundlagen）一书其实只是为梅迪库斯教授撰写的另一本著作《民法：为准备考试而依请求权基础的顺序进行的论述》（Bürgerliches Recht：Eine nach Anspruchs-grundlagen geordnete Darstellung zur Examensvorbereitung）①做补充基础知识之用的。在《民法：为准备考试而依请求权基础的顺序进行的论述》这本书中，梅迪库斯教授首次提出了以请求权为基础对整个德国民法进行划分，因此，德国法学界认为该书是最能代表梅迪库斯教授个人成就的一本书。可惜，该书迄今尚未被译为中文。所幸，能代表梅迪库斯教授精深学术水平的另一本经典著作《德国民法总论》多年前就由邵建东教授翻译为中文，对我国民法学界产生了持久且深远的影响。《德国民法总论》这本书不仅写得非常好，而且翻译得也非常好，值得对德国民法感兴趣的读者反复研读。

2. 王泽鉴：《民法思维：请求权基础理论体系》，北京大学出版社 2022 年版

王泽鉴教授是第一位将德国民法的请求权基础理论体系和请求权分析法介绍到中文世界的学者。正是通过王泽鉴教授的介

---

① 此书后由梅迪库斯教授与波茨坦大学的彼得森（Jens Petersen）教授合著并由后者续订，目前最新的版本是 2021 年第 28 版。

绍,大陆民法学界才逐渐熟悉并了解请求权基础的分析方法。王泽鉴教授撰写的这本《民法思维:请求权基础理论体系》也被众多国内民法学者所推崇,因此,这本书是非常值得推荐的一本学习、了解请求权基础分析法的必读佳作。不过,该书并不适合初学者尤其是大陆初学民法者使用。因为:一则,使用者至少要全部学习完毕民法总论、物权法、债法等民法各部分,对这些领域的知识有通盘的了解才能看懂该书;二则,书中的请求权基础和规范分析都是针对我国台湾地区"民法"进行的。因此,对于我国读者,更值得推荐的是下面这本吴香香教授的《请求权基础:方法、体系与实例》。

3. 吴香香:《请求权基础:方法、体系与实例》,北京大学出版社 2021 年版

吴香香教授近年来致力于介绍和研究请求权基础分析法,她撰写的这本《请求权基础:方法、体系与实例》是我国第一部有

关请求权基础分析法的优秀作品,该书分为三篇:上篇介绍请求权基础方法,包括案例练习版的请求权基础思维、用于司法实践的实战版请求权基础思维;中篇对我国民法典中的请求权基础体系进行了介绍,重点分析了侵权责任编的请求权基础;下篇通过滥用代理权、多级转租房屋、玻璃娃娃以及错误出生等四个案例分析报告展示请求权基础分析方法的实际运用。此外,为配合请求权规范基础的检索,吴香香教授还编辑了一本配套用书《民法典请求权基础检索手册》,该书对我国《民法典》进行了梳理,将它们区分为主要规范、辅助规范和防御规范。此书体例新颖,在运用请求权基础分析法解决案例时配套使用,极有助益!

第七讲

学会做民法文献综述

7.1 文献综述的意义

美国学者马奇与麦克伊沃将文献综述定义为：它是一种书面论证。它依据对研究主题现有知识的全面理解，建立一个合理的逻辑论证；通过论证，得出一个令人信服的论点，回答研究问题。[1] 简单地说，文献综述就是对某一个问题或某一研究领域中既有的文献资料、研究成果的观点所进行的综合与概括。文献综述对于任何学术研究都是非常重要的。

学术研究具有连续性与传承性，继往才能开来。在学术道路上，任何人都不可能完全不顾前人的研究，动辄另起炉灶，推倒重来。冯友兰先生曾就哲学史和哲学的研究方法提出了一个"照着讲"和"接着讲"的提法。他认为，"照着讲"是哲学史的方法，"接着讲"是哲学的方法。"照着讲"要忠实于传统哲学的"本来意义"，并用现代语言将其写出来（或说出来）。虽然"写的"的哲学史与"本来的"的哲学史并不是一回事，但是"写的"哲学史毕竟是照着"本来的"哲学史写的，而"本来的"哲学史是客观存在的。"接着讲"就不同了。"接着讲"着眼于哲学的发展和新的创造，具有明显的时代性，时代性就意味着新的东

---

[1] ［美］劳伦斯·马奇、布兰达·麦克伊沃：《怎样做文献综述——六步走向成功》(第二版)，高惠蓉等译，上海教育出版社2020年版，第4页。

西的产生。① 冯友兰先生这个"照着讲"和"接着讲"的提法实际上也揭示了人文社会科学研究中传承与创新的辩证关系。一方面，不能不了解前辈学者已经作出的贡献，这是"照着讲"；另一方面，要创新，实现知识的增量积累，又不能局限于此，而必须在前人研究的基础上"接着讲"，作出自己的贡献。只有知道在某个问题上或者某个领域前人都进行了哪些研究，研究到何种程度，才可能发现既有研究的不足，发现新的问题，找到新的突破点，从而实现知识的增量积累，而不仅仅是炒冷饭。例如，对于我国法是否应当采取物权行为理论的问题，谢怀栻、梁慧星、王利明、孙宪忠、崔建远等很多民法学者都已经发表了相关的论著。倘若不能把这些既有的关于物权行为的中文文献资料进行很好的综述，而仅仅是看看德文教科书或民法典评注中物权行为的论述，就不可能了解中国民法学界曾经围绕着物权行为的主题就哪些问题展开过讨论，每个问题都形成了什么观点，中国的民事立法、司法解释以及司法实践是什么态度，更不可能真正发现那些尚未被关注或得到有效解决的问题。

　　文献综述就是对到撰写综述时为止的某一领域或某一问题的学术史的概述。在撰写学术论文或者著作时，必须通过文献综述来向读者交代学术史，从而使读者清楚哪些观点是其他学者已经提出的，哪些观点是作者所独创的。这样不仅可以更加凸显作者自己观点的创新之处，为论证作者的观点做好铺垫②，也是尊重

---

① 蒙培元：《如何解读冯友兰的"接着讲"》，载《中州学刊》2003年第4期。
② 荣新江：《学术训练与学术规范——中国古代史研究入门》，北京大学出版社2011年版，第188页。

他人的智力劳动，遵守学术规范的表现。不少学生在撰写民法论文时，没有养成这种习惯，不区分清楚哪些是别人的观点，哪些是自己的观点，这种做法不符合学术规范，也容易出现抄袭剽窃的情形。

文献综述需要撰写者进行所谓主题阅读，要大量阅读并分析某一主题的相关文献后才可能完成。这个过程也正是使撰写者熟悉、了解该主题的学术研究的演进过程、研究现状以及发展方向的过程。通过做文献综述，也可以学习、借鉴他人好的研究方法，了解他人是如何界定关键概念的、如何展开论证过程的，学习他人好的研究思路、论证方法。所以，撰写文献综述的过程也是一个非常好的主题学习的过程。

本科毕业一定要撰写毕业论文，研究生必须撰写硕士或博士学位论文并答辩通过，才能被授予学士、硕士或博士学位。在确定选题时，文献综述就发挥着重要的作用。在申请国家社科基金项目等各种研究项目时，对于国内外相关研究的学术史梳理及研究动态的综述也是非常重要的选题依据。因为，只有通过文献综述，才能知道既有的研究已经走到什么地步了，未来能往什么方向走，能够走多远。明确了这些要点的论文选题才可能是值得撰写学位论文的题目，课题申请才是值得资助的，而不仅仅是为了获取一个国家级课题和若干研究经费。总之，文献综述在学术研究中具有极为重要的作用。无论是确定学位论文的选题，准备撰写学术论文或专著，抑或申报各类研究项目，都离不开文献综述。

第七讲 | 学会做民法文献综述

7.2 文献综述的步骤

文献综述可以分为三个步骤：第一步是确定主题，即究竟要针对民法中什么问题进行文献综述；第二步是收集文献，就是针对文献的不同类型采取不同的收集方法，去检索、寻找和发现有关的文献；第三步是研读文献，要遵照一定的方法对于文献加以分析，进行研读，并做摘要记录；第四步是撰写综述，在摘要记录形成的素材的基础上，进行分析整理，按照一定的体系结构清晰地展现对学术史的梳理，同时进行相应的思考和批判。上述四个步骤并不是单向度的、线性的，而是不断循环往复的，可能阅读文献的阶段还需要再去收集文献，甚至到了撰写的阶段还要补充收集资料并加以分析阅读。

7.2.1 主题的确定

做文献综述，当然不可能是漫无目的的，必须要确定研究的领域或者具体的问题。不同的领域和问题，既有研究的深度、广度和热度的不同，文献数量上也有很大的差别。例如，最近三年来，个人信息权益、数据权属等问题的研究就特别热，许多杂志都组织专题研讨，因此这方面的论文的总量就大大增加了。此前民法学界曾热烈讨论的一些问题如物权行为、无权处分等，近年来的论文就少很多了。

民法学的文献资料浩如烟海，因此，确定民法学的文献综述的主题是非常重要的。如果是要完成某项研究任务或课堂作业，那么主题往往是给定，没有自由选择的空间。例如，老师在课堂上布置的论文作业，让学生对"我国法上抵押财产的转让规则"这一主题进行文献综述或者写一篇论文，那么，这就确定了主题，学生需要的就是去了解学术界对此存在的各种争论，从《担保法》到《物权法》，再到《民法典》，立法和司法解释上的演变、司法实践中法院的认识分歧，比较法上的规定等。很多时候，文献综述是为了寻找选题以便撰写学位论文（或学术论文），那么就可以根据自己的兴趣来选择主题，比如喜欢合同法或者侵权法的同学就可以一开始限定大的范围，然后逐渐缩小范围，形成一个合适的主题。

无论如何，主题必须是确定且明确的，不能太广，否则任务太重，相关文献无法阅读完毕，时间上也来不及。例如，以违约责任作为主题，显然范围太大了，仅仅是里面的违约赔偿责任、违约金、定金、实际履行等单独作为一个主题，都会显得太大，遑论整个违约责任！可是，如果主题虽然确定，但是过于琐碎或者说过小，也不适当，姑且不论有些问题没有理论研究的价值，可能只是一个实务中的操作问题。例如，有的同学想要研究《民法典》第1187条中"一次性支付确有困难"的含义。这个题目就太小，几乎没有什么可说的，至少理论上没什么疑难的。当然，文献综述的主题也不是说确定了就不能变，在收集和阅读文献的过程中都可以调整，如果太大了，就相应地限缩，反之则扩大范围。

7.2.2 文献的类型与收集

（一）论文的检索

论文包括中文论文和外文论文。中文论文方面，目前收录最全的当属中文期刊数据库领域处于垄断地位的"中国知网"（https：//www.cnki.net/）。此外，万方数据公司开发的"中国学术期刊数据库"（https：//c.wanfangdata.com.cn/periodical）、维普公司开发的"维普中文期刊服务平台"（http：//qikan.cqvip.com/），也可以检索到相当数量的中文期刊法学论文，不过这两个数据库收录的论文总量相加，还是要少于中国知网收录的论文数。我国台湾地区出版的法学期刊论文的检索可以通过元照出版公司的"月旦知识库"（https：//www.lawdata01.com.cn）进行检索，该数据库收录了我国台湾地区主要法律期刊上的大部分论文。

外文论文中，我国民法学者阅读最多的就是英文论文，其次是德文和日文论文，民法学者中掌握法语的相对较少。检索英文法律论文和其他法律资料最主要的数据库是三个：Lexis（https：//advance.lexis.com），Westlaw（https：//www.westlaw.com）以及 Heinonline（https：//heinonline.org/），多数国内高校都会购置这三个数据库或者至少其中之一。这三个数据库中，前两个数据库用来检索英美国家、欧盟等国外的法律法规以及判例，非常方便。就检索英文法学论文而言，最好用的是第三个数据库即Heinonline数据库。该数据库是全球最大、收录最全的全文法学文献数据库,论文采取的是 PDF 浏览和下载格式。目前收录了 3 000 余种法学期刊,此外,还有 17 000 多部精品法学学术专著以及美国联邦和各州的案例,覆盖法学几乎所有学科,尤其是 Heinonline 法学全文数据库收录的文献涵盖美国、英国、英联邦国家、欧洲、亚洲、北美洲、非洲等近 100 个国家和地区,且最早的文献可以回溯到 18 世纪。笔者在检索英文论文时,用的最多也是这个数据库。

Heinonline 数据库

此外,世界上最大的学术期刊出版商爱思唯尔(Elsevier)创办的开放获取在线预印社区网站 SSRN(https://www.ssrn.com/index.cfm/en/),也很不错。该网站刊登的文章领域主要是社会科学领域,包括经济学、法律、公司治理和人文学科。目前 SSRN 提供了来自 40 多万名研究人员的 90 多万篇研究论文,其内容涉及 50 多个学科领域,其中绝大多数论文是可以免费下载的。此外,如果条件允许,也可以通过 Google 学术搜索

第七讲 | 学会做民法文献综述

引擎检索英文等外文法学文献。

SSRN 网站检索论文

德文论文的数据库方面，目前国内用得最多的就是德国最大的法律出版集团 C. H. Beck 出版社的 Beck-online 数据库（https：//beck-online.beck.de/Home），该数据库主要收录的是 Beck 出版社出版的期刊、注释书、法典、法律书状范本等实体出版物的电子版本。此外，拥有 270 多年历史的德国老牌出版公司德古意特（De Gruyter）出版社的 degruyter 数据库（https：//www.degruyter.com/）中也可以检索到一些德文法学论文。

日文论文的数据库，目前国内可利用的是日本最大规模的法律情报数据库 TKC-law library（https：//www.tkc.jp/law/lawlibrary/）、汤姆森路透法律信息集团与日本著名的法律专业出版社新日本法规出版株式会社合作的 Westlaw Japan（https：//www.westlawjapan.com/），这两个法律数据库可以用来检索判例、法令、判例解说以及有斐阁出版的电子期刊（如"ジュリスト"、"法学教室"和"判例百選"等）等文献资料。

215

Beck-online 数据库

（二）书籍的收集

1. 专著，顾名思义，就是专门性著作。民法学专著是就民法中的某一具体规则、制度或者问题进行专门且深入研究的著作。这些著作多数是独著，少数是合著或主编的；民法学专著既包括以中文出版的博士论文、专题研究型著作、国家和省市级课题结项成果，也包括英文、德文等外文著作以及中文翻译的国外民法学著作等。例如，中文的民法专题研究型著作系列中最为知名且持续时间最长的就是梁慧星教授主编的"中国民商法专题研究丛书"，中文翻译的德国法学著作系列中最著名且持续时间最长的就是米健教授主持"当代德国法学名著系列"，其中，拉伦茨教授的《德国民法通论》（上下册）《法律行为解释之方法——兼论意思表示理论》，梅迪库斯教授的《德国民法总论》《德国债法总论》《德国债法分论》，弗卢梅教授的《法律行为》，卡泽尔与克努特尔教授的《罗马私法》等著作，都是经典的民法著作。

第七讲 | 学会做民法文献综述

此外，国内高校购买的一些学术数据库也可以下载外文法学著作 PDF 版，如牛津大学出版社的 http：//www. oxfordjournals. org/，施普林格公司的 https：//link. springer. com/，德古意特出版社的 https：//www. degruyter. com/。至于已过版权保护期的法学著作，则可以通过谷歌图书搜索（https：//books. google. com/）并下载 PDF 版本。

2. 教科书。教科书可以分为简明教科书与大型教科书即体系书。一般来说，进行文献综述时，不需要考虑简明教科书，只需要阅读体系书的相关部分即可，除非是所涉及的领域除了简明教科书之外没有体系书或专著可以参考。例如，我国民法学者中出版了个人成体系的大型教科书的学者有王利明、崔建远、杨立新等教授，尤其是王利明教授，他在中国人民大学出版社出版的"王利明法学研究系列"，可谓规模最大、体系最全，包括民法总论、物权法、合同法、人格权法、侵权责任法等五大部分，共十卷本。在进行中国民法学有关问题的文献综述和研究时，这些大型教科书是绝不能忽略的。

3. 注释书。德国民法学界或者说整个德国法学界有一个法典评注的传统。法典评注的特点在于：具有集成功能，能够整合学理与司法判例，关注判决重于学说；以解释现行法为中心，指导司法裁判为导向，是更新很快的工具书，具有高度的时效性。[①] 从规模来看，德国民法典评注可以分为：小型评注、中型评注与大型评注。小型评注的典型代表就是 Beck 出版社出版的《尧厄尼克（Jauernig）民法典评注》，大小适中，便于随身携带；中型评注规

---

① 卜元石：《德国法学与当代中国》，北京大学出版社 2021 年版，第 144 页。

模要大于小型评注，一般是一卷本或两本卷，最典型的代表是《帕兰特（Palandt）民法典评注》（一卷本），大约 3 000 页左右，每年 1 版，到 2021 年已经是第 80 版[①]；《埃尔曼（Erman）民法典评注》（两卷本），总计 6 000 多页。大型民法典评注主要有两套：一套是《慕尼黑民法典评注（Münchener BGB Kommentar）》，另一套是规模更大的《施陶丁格民法典评注（Staudinger BGB)》。[②]

《尧厄尼克民法典评注》
(2018 年第 17 版)

《帕兰特民法典评注》
(2021 年第 80 版)

《施陶丁格民法典评注》
（第 620—630 条）

《慕尼黑民法典评注》
（第 7 卷）（第 9 版）

---

① 自 2022 年第 81 版开始，《帕兰特民法典评注》更名为《格林伯格民法典评注》（Grüneberg BGB Kommentar）。

② 对于德国法典评注类型的详细介绍，参见卜元石：《德国法学与当代中国》，第 164-178 页。

我国尚无民法典评注的传统，但是有出版法律和司法解释释义书的传统，这些释义书可分为两类：一类是官方释义书，即全国人大常委会法制工作委员会、最高人民法院参与法律和司法解释起草的工作人员撰写的，一定程度上展现官方意图的释义书；另一类是学者释义书，即高校学者尤其是参与了法律和司法解释起草论证工作的学者组织或参与撰写的释义书。这些释义书对于理解立法意图、掌握理论界对于相同法律规定的不同观点，都非常重要，属于文献综述必须阅读的资料。以《民法典》为例，目前最主要的释义书，也是研究民法问题时必须参考的有以下四套。

（1）法工委民法典释义书，即全国人大常委会法制工作委员会民法室主任黄薇主编的民法典释义系列，该系列在多个出版社同时出版，其中在法律出版社名称是"民法典某某编释义"，在中国法制出版社则为"民法典某某编解读"，内容完全相同。法工委民法典释义书的特点在于最精准地展现了立法意图，在社会上具有很大的权威性和影响性。缺点在于：过于谨慎，对于一些争议的问题采取了回避的态度，保持沉默。此外，全书没有一个注释，书中提到观点和文献资料的出处，都让人无法查核。

（2）中国民法典释评，即王利明教授任总主编，崔建远、张新宝、夏吟兰、龙翼飞、杨立新、王轶、高圣平、石佳友、程啸、尹飞、朱虎、孟强、王叶刚等教授参与撰写的民法典释义书，由中国人民大学出版社于2020年出版。该套民法典注释书的作者全部是参与了民法典编纂、起草工作的学者。该系列中有些编如合同编的注释书由多位学者合著，有些编的注释书则由该领域的权威学者独著或合著，如物权编释评由崔建远教授独著，侵权责任编释评由张新宝教授独著,人格权编释评由王利明教授与笔者合著。

(3)中国社会科学院法学研究所民法典研究丛书,即由陈甦、孙宪忠、邹海林、谢鸿飞、朱广新等教授分任各册主编,由中国法制出版社 2020 年出版的民法典释义书。该套丛书的作者众多,主要是由中国社会科学院法学研究所的研究员以及与该所有关联的高校民法老师参与编写而成,规模巨大、内容丰富。

(4)最高人民法院民法典理解与适用系列,即最高人民法院民法典贯彻实施工作领导小组主编的民法典释义书。由于最高人民法院是民法典编纂的参加单位之一,加之其为最高审判机关,基于此等权威之地位,故本套民法典释义书在法官和律师中有较大的影响力。该套释义书的缺点在于:撰写人员众多,水平存在差异,观点也有不统一之处。

司法解释的释义书方面,基本上是由最高人民法院相关司法解释的起草人员或参与人员来撰写的。只要是条文数量相对多一些的司法解释,一般都会有释义书,统一由人民法院出版社出版,而书名通常都是某某司法解释理解与适用,如《最高人民法院民法典时间效力司法解释理解与适用》《最高人民法院民法典担保制度司法解释理解与适用》《最高人民法院审理使用人脸识别技术处理个人信息案件司法解释理解与适用》等。阅读这些释义书,有助于了解司法解释相关条文针对的问题以及起草者背后的考虑。

目前,我国法律的释义书和司法解释的释义书尚无数据库提供电子版,德国的民法典评注尤其是 Beck 出版社的评注,一般都可以在 Beck-online 数据库上检索到,包括小型的民法典评注、网络出版的评注以及大型评注《慕尼黑民法典评注》。此外,国

第七讲 | 学会做民法文献综述

内的一些高校也购买了最大型的民法典评注——《施陶丁格（Staudingers）民法典评注》的数据库（https://www.juris.de/r3/），上面可以查阅、下载这部大型评注中的任何条文的批注。

《施陶丁格（Staudingers）民法典评注》数据库

（三）检索法律条文与案例

在进行民法学的文献综述时，不仅要收集、阅读论文和书籍，还需要了解相关的法律条文和案例。法律条文当然是广义的，包括法律、行政法规、司法解释、地方性法规、部门规章、地方政府规章以及各种文件；此外，也要了解外国法和国际组织的相关立法。因为，我国《民法典》等很多法律在起草时就曾吸收、借鉴了比较法的规定。例如，《合同法》以及《民法典》的合同编就大量吸收借鉴了《联合国国际货物销售合同公约》（CISG）、国际统一私法协会起草的《国际商事合同通则》（PICC）以及欧洲民法典研究组编著的《欧洲示范民法典草案》（DCFR）的相关规定；再如，《民法典》物权编关于动产抵押等动产担保制度规定，在很大程度上吸收借鉴了《美国统一商法典》（Uniform Commercial Code）、《联合国国际贸易法委员会担保交易立法指南》以及《欧洲示范民法典草案》（DCFR）的有关规定。至于我国《个人信息保护法》，更是大量吸收借鉴了欧盟的《一般数据保护条例》（GDPR）等欧盟数据保护立法以及美国个人信息保护立法的规定，最典型的如该法对敏感的个人信息、个人信息可以携带权、大型平台的守门人义务等的规定。既然如此，在进行文献综述时，就绝对不能忽略比较法上的这些资料。

检索国内法律的数据主要就是北大法宝（https://www.pkulaw.com/）、威科先行·法律信息库（https://law.wkinfo.com.cn/）等，这两个数据库检索案例也还不错。当然，目前国内收集判决最多的就是最高人民法院的中国裁判文书网（https://wenshu.court.gov.cn/）。截至 2022 年 5 月 16 日，该网站公开的法律文书总量为 132 362 461 篇，其中，民事法律文书为 81 457 519 篇。

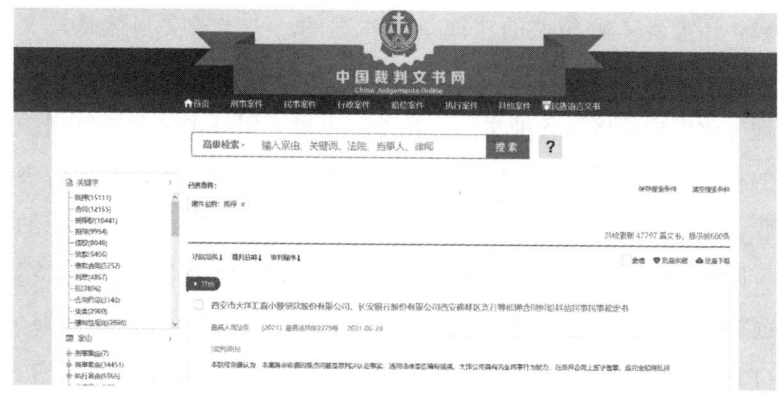

中国裁判文书网

第七讲 | 学会做民法文献综述

中文法律的检索方法不多，如北大法宝上就是三种检索方法，即"标题"、"全文"以及"发文字号"。通常，使用比较多的就是标题检索和全文检索。有些数据库还会在检索出来的法律条文列上法条联想，即可以找到与该条有关联的其他法条以及司法解释，如北大法宝。中文案例的检索方法中使用的比较多的是"案件名称"、"案由"或者"全文"这三种检索方法，例如，在中国裁判文书网上要检索侵害隐私权的案例，用"隐私权"作关键词进行案件名称检索，可发现1 902件裁判文书；选择"隐私权纠纷"案由来检索，检索出的结果也是1 902件。但是，如果以"隐私权"来进行全文检索，有59 663件裁判文书，显然范围过大。此时，在该结果的基础上，可以进一步以"民法典"作为关键词进行全文检索，结果显示是2 233篇裁判文书。总之，检索案例时需要根据情况以不同的方式进行，先以最严格的方式检索出最匹配的案例，进行分析阅读和整理。如果数量不够，则可以进一步放宽检索的条件。对于检索到的案例或裁判文书，则应当先阅读二审判决书或再审判决书，再阅读一审判决书；先阅读最高人民法院和高级人民法院的判决书，再阅读中级人民法院和基层人民法院的判决书。

检索英文的外国法和案例的最主要的数据库就是Lexis（https：//advance. lexis. com）与Westlaw（https：//www. westlaw. com）。这些数据库的供应商会定期在高校法学院系图书馆组织培训讲座，介绍如何使用这些数据库检索案例和法律，此处不再赘述。

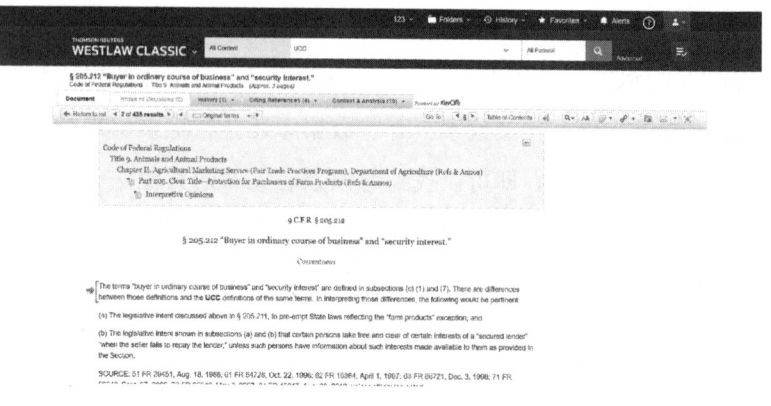

Westlaw 数据库检索法律

（四）文献的收集方法

胡适先生认为，做学问在找材料找证据时，应当做到"上穷碧落下黄泉，动手动脚找东西"。文献综述中对文献的收集应当做到穷尽的原则。所谓穷尽，对于文献综述而言，就是文献综述正式完成提交之时，对于论文就是投稿之日，对于著作则是将书稿交给出版社的时间，在这些时间点之前所有公开发表的与所研究的主题有关的文献都要收集到，都要看到。所以，有些著作的作者会在前言或序言中特别说明"本书的引用的法律法规和案例等文献截止到某年某月某日"。这就是说，此后新颁布的法律法规、新判决的案例和出版的论著，没有看到不是作者的责任，相当于一个免责声明。在学术研究中，对于文献特别是重要的文献的遗漏，属于硬伤，需要承担学术责任。

当然，任何文献综述要做到全部穷尽有关的文献确实很难。笔者认为张翔教授在一篇介绍写论文方法的文章中的一个比喻非常形象。他说:"一个屋子里装满了开心果,主人请大家去吃开心果,但要求你把果壳剥了以后扔回去,你说你能吃完这一屋子的开心果吗?有一种说法说是吃不完了,为什么吃不完了?因为刚开始抓起来都是有果仁的,后来有果仁的越来越少,壳越来越多。最后,你要去发现一个有果仁的开心果就变得非常难,最后可能在某一个地方遗留着一颗,但你很有可能永远找不着它了。有时查文献也有这种情况,你要想穷尽,几乎不可能,但是我们讲你要尽可能地穷尽。"① 当然,虽然穷尽文献资料可能确实无法完全做到,但总的来说,还是应当本着"虽不能至,心向往之"的态度,尽最大的努力去收集文献资料。

7.2.3 文献的阅读方法

(一) 先读第一手文献

无论是收集文献,还是阅读文献,第一手文献都是至关重要的。所谓第一手文献,就是指最具有可信赖度的文献。第一手文献可能是中文文献,也可能是外文文献。它与二手甚至三手、四手文献的本质区别就在于可信度不同。原始文献具有更高的可信赖度,而二手就差一些,三手、四手就更差。例如,物权行为是一个德国法的问题,如果直接阅读的是德国民法学者撰写的,而且是德国的权威学者撰写的或者权威刊物(如《民法实务档案

---

① 张翔:《法学论文写作的 30 个进阶技巧》,麦读微信公众号,https://mp.weixin.qq.com/s/mW-mAdcsxqNBGqyY7694CQ(2022 年 5 月 18 日浏览)。

(AcP)》)关于物权行为的文献,那么这种文献资料对于物权行为的文献综述而言,就是第一手文献;相反,如果阅读的只是其他国家的学者如英美、日本学者撰写的介绍德国物权行为理论的论文,这就属于第二手文献了,可信赖度就相对低了。如果阅读的是中国民法学者在阅读英美、日本学者撰写的关于德国物权行为理论的文章后,再写成的介绍物权行为的论文,这就相当于又转手了一次,此种文献只能算是第三手文献了。转手次数越多,文献的可信赖度往往就越低了。

总的来说,判断某一文献是否属于原始文献可以考虑以下几个因素:其一,讨论的问题是否是该作者的国家的民法问题。例如,欧盟学者撰写的关于《一般数据保护条例》的文章,英国学者撰写的关于英国法上合同相对性原则的论文,中国学者写的农村土地承包经营权的论文,这些都是第一手文献。法律具有本土性,通常本国之外的学者的研究虽然也能提供一个新的视角,但毕竟"雾里看花终隔一层"。其二,文献作者的权威性。所谓权威性是指该作者在相关主题中有深入的研究,是该领域的权威学者,其在该领域发表过具有重要影响甚至是具有里程碑意义的文献,或者参与过相关立法活动如民法典编纂等,了解有关问题不为人知的争论和考量因素等。其三,文献资料本身就是由权威机构制作发布的或者来自实践调研的结果,例如,国家有关部门公开的调研报告、白皮书、统计数据等。再如,与指导性案例中的案情与裁判摘要相比,法院的判决书本身就是第一手文献。

我们说第一手文献的可信度高,只是说它比第二、三、四手文献的可信度高,这是相对而言的。对于第一手文献,在使用时同样要进行比较、鉴别和分析。有些时候，如果真的没有办法获取或者无法阅读、使用第一手文献的，如不懂德文，自然就无法阅读德文原著，就只能退而求其次，阅读二手甚至三、四手文献。对于学习民法的本科同学，能看懂中文资料和英文资料就很不错了，但是对于研究生或者有志于从事民法研究的同学而言，在英文之外，要是能够再懂德、法、日文中的任何一门，就更好了！

（二）论文阅读的三种方法

在检索中外文的法学论文时，有时候，会发现被检索出的论文数量特别多，也可能特别少，甚至一篇都没有。这种情形下，无论是多还是少，都要先考虑一下检索方法的问题。以检索中文法学论文常用的知网为例，其检索方式包括篇名、主题、关键词、摘要、作者、全文、文献来源等。比如，以篇名中包含"个人信息"作为检索方式，可以发现检索出的期刊论文有6 668篇，显然，这种检索就太粗放了。因为个人信息的范围太广，民法、刑法、行政法、宪法等各个学科都研究个人信息，甚至计算机、经济学、社会学等领域的学者也会写这方面的文章，所以，必须再根据研究的主题进行限缩。例如，更具体的主题是"个人信息与隐私的关系"，那么，就可以尝试在篇名中包含"隐私"的内容，进行二次检索，即在以个人信息为篇名检索出的结果的基础上再次检索，知网上称之为"结果中检索"。这样一来，期刊论文的数量就直接下降到了238篇；当然，也可以通过关键词包含"隐私"，进行结果中检索，此时检索的结果为期刊论文数量是98篇。总之，进行多种检索方式的组合，这样会更准确，可以防止出现过多、不足或者遗漏等情形。

事实上，一不小心，遗漏的情况真的会发生。例如，在以"个人信息"进行篇名检索时，引用率和下载率排名第一的文章是王利明教授的《论个人信息权的法律保护——以个人信息权与隐私权的界分为中心》一文，该文引用 1 872 次，下载次数 44 971 次；排在第二名的是张新宝教授的文章《从隐私到个人信息：利益再衡量的理论与制度安排》，引用 1 723 次，下载 41 822 次。这两篇文章都是研究个人信息和隐私的关系时的必读重要文献。可是，如果用"隐私"作为篇名进行二次检索时，就不会再出现王利明教授的上述文章，而只显示张新宝教授的文章。显然，这是知网的检索技术存在的漏洞或缺陷所致的。更重要的是，即便没有漏洞，同一事物所使用的检索用词不同，检索结果的差别也很大。例如，"情事变更"和"情势变更"这两个词在民法学界都被使用，如果以"情势变更"进行篇名检索，期刊论文是 475 篇，而以"情事变更"检索得到的期刊文章只有 187 篇。再如，个人信息（Personal Information）和个人数据（Personal Data）国内外都有学者使用，实际上指的是同一个东西，因此，在检索时就需要注意了。

当检索到的论文比较多，甚至成百上千篇时，如何处理这些论文，需要注意。比较可行的阅读方法有以下三种，可供参考。

1. 按照他引率从高到低排序来阅读。所谓他引率，就是指论文被其他学者论文、著作引用的次数。中国知网上统计的他引分为五类：期刊、博士论文、硕士论文、中国会议、国际会议。这里面期刊他引中的期刊的范围很广，不限于中文社会科学引文索引即 CSSCI 收录的来源期刊,而是包括了所有被知网数据库收录的期刊。但是,中文社会科学引文索引(CSSCI)上的他引的统计,就比知网严格。因为,CSSCI 收录的文章的他引次数,仅限于被 CSSCI 收录的期刊上发表的文章对该文的引用,即所谓"C 刊引 C 刊"。例如,王利明教授的《论个人信息权的法律保护——以个人信息权与隐私权的界分为中心》在中国知网的引用次数是 1 872 次,CSSCI 他引是 175 次;张新宝教授的《从隐私到个人信息:利益再衡量的理论与制度安排》,知网引用次数为 1 723次,CSSCI 他引是 228 次。为什么要从高引用率往低引用率阅读呢?一般来说,高他引用率的民法学文章往往是原创性最强的文章,作者也多是权威的学者(不排除马太效应的因素),比如上文提及的两篇个人信息保护的文章,其作者王利明、张新宝两位教授都是我国著名民法学者。而且,高引用率的文章也多是发表在权威的、高质量的期刊上的,如《中国社会科学》《中国法学》《法学研究》等三大刊以及《中外法学》《法学家》《清华法学》等十几种法学类核心期刊上的。简言之,大多数时候阅读高引用率的论文就是在阅读原创性更强或者由更权威的学者撰写的文章。

2. 按照发表时间排序来阅读,既要从新到旧,也要从旧到新。他引率是随着时间的流逝而不断累积增加的,因此,他引率高的文章往往发表时间较早,此时相关的研究已经有发展了,所以还有必要了解最新的研究状况。当然,能否通过最新发表的文章去准确了解最新的研究成果,还取决于作者们是否遵守学术规范。如果不遵守学术规范,那即便最新发表的文章的内容也很可能是在重复以前学者的观点。反过来,从旧到新来阅读,对于摸清楚学术发展的脉络、相关学术观点的变迁也是非常有用的。

3. 根据注释顺藤摸瓜式阅读。在阅读一些核心的论文时,除了关注这篇文章的作者的观点和论证思路外,还要注意他(她)所使用的文献资料,包括引用的论文和书籍等,把该文所引用的论文找过来看,顺藤摸瓜,就能把那些重要的论文以及书籍都找出来,不发生遗漏。事实上,这样做还有一个好处或意外,即有时候可以发现引用者对他人观点的误读误解,甚至学术不端之举。

(三)电子与纸质文献并重

现代社会是网络信息社会,在检索文献时,很多时候是通过网络在数据库中检索论文、下载电子书。由此就导致不少同学在收集文献综述的资料时,只是一味依赖网络,贪图省事,不去查阅纸质文献资料。这是非常错误的。须知,大量书籍都没有入网,没有电子版,查阅文献资料还需要到图书馆去,很多时候就是一本本地翻书。这样做虽然费时间,但是,不会出现对重要文献的遗漏,而且有时候在翻查这些书籍时也会有一些意想不到的发现,看到一些没有预料到的内容,从而给自己的研究以很大的启发,即所谓"有心栽花花不开,无心插柳柳成荫"。

7.2.4 研读文献并撰写综述

通常在阅读和分析文献资料之前,多数时候综述者只是知道主题一些大致的、模糊的问题,例如,在以"不可抗力与情势变

第七讲 | 学会做民法文献综述

更"为主题进行综述时,综述者大概知道在这个主题下要研究的问题的粗略点,如我国法上不可抗力的构成要件与法律效果,我国法上情势变更的构成要件与法律效果,比较法上对不可抗力、情势变更的规定,不可抗力与情势变更有何联系与区别,如何理解《民法典》第 180 条、第 533 条与第 590 条等条文的关系等。但是,在没有阅读、分析文献资料前,并不能确定究竟有哪些具体的疑点、难点与争点。此时,不要太在乎文献综述的框架体系问题。因为一开始的框架体系都是暂时的,是出于便利原则的考虑,后面必然会随着研究的深入而不断调整与完善。所以,只需要在一开始的时候,暂定一个文献综述的原始体系结构,然后,根据这个体系对收集的论著进行分类。之后,按照前述阅读顺序和方法开始阅读。

在阅读的过程中,一定要进行文献摘要,并将其归入相应的体系结构中。所谓文献摘要分为两类:一是归纳摘要。即通过阅读发现作者的论点、厘清论证逻辑、总结论证理由,将其以自己的话进行归纳,予以摘编记录;二是原文摘抄。在阅读文献的过程中,发现特别好的观点、表述、证据事实以及引用其他作者的语句,觉得将来会直接引用的,那就应当马上原封不动地照抄下来。无论是哪一类文献摘要,都一定要注明出处,特别是对于转引的观点,既要注明转引出处,也要注明原始出处。

收集文献、阅读文献、进行摘要,这个过程不是单向的,而是循环反复的。一方面,随着文献阅读量的增加,综述者对问题的认识更深入了,因此,会发现新的问题以及新的证据或论证理由,有必要调整综述的体系结构。另一方面,由于发现了新的问题和具体的疑点与争点，综述者又需要进一步收集此前没有收集的文献资料，甚至要回过头去阅读曾经读过的文献资料。这种反复的过程可能要循环多次，如此一来，也就会形成很充实的摘要，达几万字甚至十几万字。然后，就是对摘要进行加工，用清晰准确的语言，按照相应的体系结构，来删节、补充、修改、整合相关内容，形成语句连贯、意思清晰的文献综述。

当然，文献综述不是最终目的。通过文献综述，不仅要知道对于研究的问题"我们已经知道了什么"，更要能够在文献综述中对研究主题现有知识进行详细的分析和评价，引出自己的论点。因此，"一篇好的文献综述必须能够将已有的发现发展成为支撑自己论文的论据"[①]。当人们对既有的研究成果进行综合、归纳和叙述的时候，也就是分析、比较、鉴别、评价、批判的时候。这个过程中，会形成自己初步的想法、论证的思路，对他人的观点及其论证理由如何加以反驳，如何为自己的观点找到证据加以支持等。文献综述的作者完全可以在这个基础上努力前进，提出观点、展开论证，产出具有独创性的研究成果。

7.3 推荐阅读材料

［美］劳伦斯·马奇、布兰达·麦克伊沃：《怎样做文献综

---

① ［美］劳伦斯·马奇、布兰达·麦克伊沃：《怎样做文献综述——六步走向成功》（第二版），第79页。

述——六步走向成功》(第二版),高惠蓉等译,上海教育出版社2020年版

本书言简意赅地介绍了人文社会科学领域中文献综述的写法,作者将文献综述的过程分为六个步骤:(1)选择主题;(2)文献检索;(3)展开论证;(4)文献研究;(5)文献批评;(6)综述撰写。作者在每一章对每一个具体的步骤进行了讲解,同时还通过关键词、练习、技术参考和图表模式等辅助性工具,帮助读者理解和掌握学习内容。

第八讲

民法论文的写作

8.1 为什么要写论文

8.1.1 研究的最后阶段与最高层次

子曰:"言以足志,文以足言。不言,谁知其志?言之无文,行而不远。"在学习和工作中,人们总是会遇到各种各样的问题。有些问题,前人已有答案或研究成果。只是因为自己不了解、不知道、没有学习过,所以对于这些问题不清楚、不明白。这个时候,需要做的就是认真研读相关文献资料即可。但有的时候,对于一些问题,即便是看了已有的研究成果,仍然不明白或不满意。不仅如此,我们还常常发现一些问题就是新问题,以前没有,自然也就谈不上有人研究过,或者对于一些旧问题,一直以来争论激烈、各派观点不一、众说纷纭。在这些时候,就需要深入地学习和思考。然而,一个人对某个问题学得东西再多,思考得再深入,再有见解,如果不写作成文,也永远只是见解而已。

著名历史学家严耕望先生出版过一本著作,叫作《治史三书》。这是一本非常好的书,系统介绍了史学的研究方法,里面讲的很多东西在整个人文和社会科学中是共通的、规律性的,对于法律人学习和研究法律也非常有用。严先生在这本书中专门论述了写作的重要性,非常精辟。他说:"写作事实上不但是为了向外发表，贡献社会，同时也是研究工作的最后阶段，而且是最重要最严肃的研究阶段。不写作为文，根本就未完成研究功夫，学问也未成熟。常有人说某人学问极好，可惜不写作。事实上，此话大有问题。某人可能常识丰富，也有见解，但不写作为文，他的学问议论只停留在见解看法的阶段，没有经过严肃的考验阶段，就不可能是有系统的真正成熟的知识。一个人的学术见解要想称为有系统的成熟的知识，就必须经过收集材料，加以思考，最后系统化地写作出来，始能成为真正知识真学问。因为平时找材料用思考，都是零碎的，未必严密，也无系统。要到写作，各种矛盾，各种缺隙，各种问题，可能都钻出来了，须得经过更精细的复读，更严密的思考，一一解决，理出一条线索，把论断显豁出来，这条论断才站得住，否则只能算是个人看法而已，不足称为成熟的学问。所以，写作是最精细的阅读，最严密的思考，也是问题研究进程中最严肃的最后阶段。"①

  论文写作总体上是一个艰苦的过程。天才诗人或者文学家也许可以做到倚马而就，下笔成文，但是学术论文则不可能这样写成，而是要经历一个确定题目、收集资料、阅读资料、分析思考、动笔写作这样一个循环反复的过程。简单地类比一下，就相当于古人炼铁一样。要从制造熔炉开始，到挑选矿石，加以粉碎，进行筛选，开始熔炼，千锤百炼，进行锻造，打造成型，最后淬火。所谓一个人不写东西，但是很有见解，顶多就是在说他发现过一些高品质的矿石而已，但是，如果不经过艰辛的写作过程，最后形成学术

---

① 严耕望：《治史三书》，上海人民出版社 2011 年版，第 92 页。

论文，也就是一些见解，距离真学问、真知识的距离，和一堆矿石距离一件打造好的铁器相同，都差着十万八千里。

无论是本科同学，还是研究生同学，在法学院学习期间，一定要进行论文写作的训练，尤其是要下大力气去完成自己的学位论文。唯其如此，方能经历一个"学术淬火"，成为真正合格的法律人。特别是博士生，读博期间最核心的任务就是要系统地完成一项学术研究，写作博士学位论文。当然，在完成学位论文之前，要通过完成课程论文，或者完全出于学术兴趣而撰写学术论文，这些论文无非在规模上小于博士学位论文或者硕士学位论文，但性质上是一样的，都是研究的最后阶段和最高层次。

8.1.2 培养独立研究和写作能力

撰写学术论文的能力本质上就是独立研究和写作的能力。这种能力要在导师的指导下，经历科学严谨的训练后才能养成。法学院系的学术论文包括作为课程作业的小论文，也包括用于取得学位的学位论文。无论是本科生，还是研究生，学位论文都是他们在校学习期间内撰写的唯一的一篇大型论文。认真严谨、全力以赴地撰写学位论文，可以极好地培养独立研究的能力，即便是对于今后在工作岗位中完成各种复杂艰巨的任务，也不无裨益。

学位论文撰写是一个复杂的、长时间的系统工程，从确定初步选题，与导师沟通，撰写开题报告，开题会通过选题，全面收集文献、阅读分析文献，确定框架结构，开始撰写工作，继续收集资料、阅读资料，以致完成初稿、提交导师审阅，根据老师意

第八讲 | 民法论文的写作

见进行修改完善,根据外审意见修改,提交答辩,准备答辩,通过答辩。这每一个环节都要亲力亲为,不能假手于他人。经历这样一个过程,对于分析判断、时间管理等各方面的提高都有帮助。显然,这些方面的素质对于未来的职业生涯,也至关重要!

诚如严耕望先生所言,就一个人的一生而言,不能等到学问接近成熟时才写,而要在青年时代就训练写作。一个人在年轻的时候不写作,以后就不能写作了。不仅如此,写作的能力还必须持续保持,所以学者需要持续撰写论文。我们常常看到,许多大学的老师在评上正教授之前,还挺玩命地、认真地写论文,投稿发表。一旦评上了教授,就万事大吉,彻底"躺平"了,好几年都不再写一篇论文。事实上,即便是学术大家,如果不持续地研究和写作,再进行研究和写作也会感觉很困难。所谓"拳不离手,曲不离口",就是这个道理。

一个法律人应当将写作当作一种生活的状态。德国著名的民法学家维尔纳·弗卢梅教授于1908年出生,2009年去世,享年101岁。对于很多人来说,退休后就是安度晚年了,每天散散步、钓钓鱼、跳跳广场舞。然而,弗卢梅教授却从70岁高龄时,动笔撰写其经典著作《民法总论》系列的第一卷第二册《法律行为》,直到80岁高龄仍在写作这本书。该书最终出版时(1992年),弗卢梅教授已经84岁。[①] 同时,他还经常为报纸杂志撰写文章。所有的这些写作研究还都是在他每天必须花费大量的精力照顾重病

[①] 弗卢梅教授的经典著作《民法总论》分为两卷三册,第一卷第一册是《合伙》(Die Personengesellschaft),1977年出版;第二卷是《法人》(Die juristische Person),1983年出版,第一卷第二册是《法律行为》(Das Rechtsgeschäft),1992年出版。

的妻子为前提的。① 笔者认为，弗卢梅教授的这种"生命不止，研究不息"的人生态度，真正到达了先贤孔子所说的"发愤忘食，乐以忘忧，不知老之将至云尔"的境地，令人肃然起敬！

弗卢梅教授
(Werner Flume, 1908—2009)

《民法总论》第一卷第二册《法律行为》
（该书中译本由迟颖教授翻译）

8.1.3　养成时间管理与抗干扰的能力

现代社会生活复杂多变，尤其是进入网络信息时代后，智能手机和网络的普及，各种即时通信工具使人们倘不秒回信息，就会被人误以为是不礼貌或有意见。社会中的每一个人都处于多任务模式，同一段时间内应付纷至沓来的各种事情，时间碎片化的现象非常严重。然而，要写作学术论文，必须要"坐热板凳"

---

① 对弗卢梅教授及其学说的介绍，参见［德］托马斯·洛宾格：《一个世纪法学家的百年：维尔纳·弗卢梅》，颜晶晶译，载《比较法研究》2009年第2期；［德］H. H. 雅科布斯：《孜孜不倦　博学多才——民法学教授维尔纳·弗卢梅诞辰一百周年》，迟颖译，载《比较法研究》2009年第2期；迟颖：《20世纪杰出法学家维尔纳·弗卢梅与私法自治》，载《比较法研究》2009年第2期。

（坐得住且坐得久），集中精力、全副身心地投入其中。因此，在论文的写作当中，合理的规划与管理时间，有效地排除外界干扰，非常重要。

这一点在本科生和研究生撰写学位论文时表现得最为突出。尤其就博士生而言，整个博士阶段最核心的任务就是撰写博士论文，周期往往长达 2 年～3 年，不少博士生中间还涉及出国交换等。对于硕士生来说，撰写学位论文与找工作（国考、京考及各种面试）等交错在一起。论文写作常常是一个持续思维的阶段。"板凳要坐十年冷，文章不写一句空"，也说明论文写作本身要耗费大量的时间和精力，要持续投入。这就要求大家能够预先统筹规划，合理分配时间，分清主要矛盾、次要矛盾。朱子曰："宽着期限。紧着课程。为学要刚毅果决。悠悠不济事。且如发愤忘食。乐以忘忧。是甚么精神。甚么筋骨。今之学者，全不曾发愤。直要抖擞精神。如救火治病然。如撑上水船。一篙不可放缓。其着紧用力之说如此。"

8.2　找到一个好题目

8.2.1　学术积累与问题意识

论文的选题，也就是说，究竟想要研究什么问题，本身就是一个很大的问题。学者们找不到好的题目，没法进行研究，更不可能产出学术成果。为了产出学术成果，有的人就开始炒剩饭，把别人已经研究的很清楚的东西拿来再研究一番，甚至故意误读、误解他人的文章，树立假的靶子加以批判，炮制各种毫无意义的"论文"。对于法学院的同学而言，无论本科生还是研究生，一到学位论文开题之时就焦虑不安、搜肠刮肚，不知道该写什么题目。尽管导师可能很早就叮嘱他们要开始琢磨将来的学位论文选题，且此后不时提醒，结果依然可能临时抱佛脚，不知道如何是好！除了个人懒惰等因素外，笔者认为，找不到好的选题，根源在于同学们平时没有足够的学术积累，也缺乏问题意识。

朱熹诗云："问渠那得清如许？为有源头活水来。"陆游诗云："汝果欲学诗，工夫在诗外。"很多同学平时不读书、不思考，井底之蛙、孤陋寡闻，对于我国民事立法、司法实践和民法理论研究的状况茫然无知，既不知道最新的立法进展，也不了解实践中迫切需要解决的问题，更不知道学术研究的前沿与疑点、争点问题。这种情形下，要寻找到好的研究题目肯定是难于上青天。在自己的脑袋空空如也的情况下，也只能退而求其次，把自己不懂的东西当作值得研究的问题。等到真的选择了这样的题目来研究，充分阅读一番文献资料后就发现，原来对于这个问题，已经研究得如此深入了，自己所想到的任何问题，前人早就解决了甚至法律都有了规定。可是，题目已经选定，不能修改，加之时间所剩无几，无法从头再来，于是，只好照猫画虎地写下去，制造了一个既不是文献综述，更不是学术论文的"垃圾"。这些都是因为没有学术积累的缘故。譬如一个人，从未研究过古玩，缺乏必要的专业知识，也不时常去古玩市场溜一溜、淘淘货，缺

第八讲 | 民法论文的写作

乏好眼力。这人想到古玩市场去"捡漏",简直是异想天开,天上掉馅饼,绝无可能。做学术研究是一个道理。平时一定要做有心人,要多多积累,对于自己感兴趣的某个领域持续关注,阅读相关论著和案例,留心立法动态和理论争议,追踪前沿问题,不断累积知识,提高专业能力。尤其是向老师多请教和交流,要是有机会能够参加立法和司法解释起草论证会,旁听学术研讨会以及参加老师的课题组和读书会,就更好。因为,在这些活动中只要做个有心人,就能够发现很多值得研究的问题。

法学院的老师常常批评学生,说他们缺乏问题意识。然而,问题意识不是天生的,而是后天逐渐养成的。那么,应当如何培养自己的问题意识呢?首先,需要避免的就是以从书本到书本,从外国书本到中国书本的方式来制造问题。这点在一些到德日留学过的民法教师或自学过德语、日语的民法学习者中比较突出。这些人提出问题并回答问题的思维过程,要么是看到我国民法学界正在讨论某问题,便找来德文和日文书翻翻,看看德日法学界讨论过这个问题否,是怎么说的。然后,就把这些观点理论翻译一下,搬过来,再套上几个中国民法的法条,引用几篇中国学者的文章,通篇都是德文和日文脚注的大作就完成了,于是乎中国民法上的争议问题也回答了;要么就是,他们在看外国法文本时,突然发现人家的民法典或法律的某个规定,中国法上没有规定,于是问题就产生了,便开始写文章,依然是以翻译的方式连篇累牍地介绍国外规定,最后就直接得出结论,我国应当学习借鉴外国法中的这一规定或制度。毫无疑问,上述两种研究方法的使用者都没有真正的问题意识,只是简单地照搬照抄而已,说的好听一些，就是加了脚注的抄袭罢了。他们甚至连比较法研究方法的基本要求和目的是什么都不明白。意大利法学家萨科曾言："无论如何，法律比较并不一定需要包含对其他国家法律制度的积极的、消极的、赞同性的或批判性的评价。"[①] 而且，比较法的研究必须以对本国法和被用来比较的外国法都有深入的了解为基础，比如，要引入国外法的某一规则，那么至少要明白为什么人家的民法中有这个规则？我国法中为什么没有？没有该规则在我国是否产生了问题？如果产生了问题，是否必须依靠引入外国法这一规则来解决呢？这种引入是否会在解决一些问题的同时制造另一些新问题，等等。不搞清楚这些，盲目地介绍一通外国法的规则或学说，因为德国民法学界通说如此认为或者日本民法上的有力说是这样的，所以，我们也应当这样。这根本不是比较法的研究方法，也不是对域外先进立法经验和优秀成果的吸收借鉴，而只是法学上自觉地、主动地被殖民而已。

有了真问题，才有真学问。法学是经验学科，是规范性的知识，解决的是某一国的社会经济生活中的问题。因此，法律人的问题意识不应当仅仅来自文本，不应当是单纯地从概念到概念，从理论到理论的，更应当来自生动丰富、变化万千的生活实践。苏力教授认为，法学的问题意识来源于真实世界的经验，"对于法律学人来说，仅仅从概念或理念层面思考远不够，必须从实践层面以及可能的后果层面来思考，这才是务实的法律学术思考。

---

① ［意］罗道尔夫·萨科：《比较法导论》，费安玲、刘家安、贾婉婷译，商务印书馆2014年版，第5—6页。

第八讲 | 民法论文的写作

只有这样的问题意识,才是我认为的有实践意味的问题意识,也不光是法学人的问题意识,而且会是真正要做事且能做成事的法律人的问题意识。换言之,有了这种深厚的问题意识,才有可能真正成为法律人或政治家,不只是法官,而且是能肩负历史使命并充满家国情怀的立法者。"①

生活中不缺少美,只是缺少发现美的眼睛。社会上处处都是与民法相关的问题,如果平时能够多加注意,努力从民法角度加以思考和分析,试着依据《民法典》等法律或者司法解释的规定来解决它们,不仅可以检验自己所学的民法理论基础是否扎实,知道自己对于那些核心的、重要的法律条文的理解是否正确,还能发现不少值得深入研究的问题,为撰写学位论文的选题提前做好准备。时间长了,自然就具有了作为民法人的问题意识。例如,2021年媒体曾报道的"货拉拉乘客跳车"事件,就可以从民法角度分析,司机、货拉拉平台是否要对乘客的死亡承担赔偿责任?乘客跳车是否构成受害人对损害后果发生的过错?当然,该案还可以从刑法的角度分析司机的刑事责任,从行政监管的角度分析如何加强网络服务平台的监管等。再如,河南省开封市鼓楼区人民法院就备受社会关注的"错换人生28年案"作出了一审判决。该案的基本案情为:2020年2月,28岁的江西九江青年姚某被查出患有肝癌,母亲许某欲"割肝救子"却发现儿子并非亲生。经过多番求证,许某、姚某

---

① 苏力:《问题意识:什么问题以及谁的问题?》,载《武汉大学学报(哲学社会科学版)》2017年第1期。

兵夫妇才发现姚某的生母为河南郑州的杜某枝。而杜某枝、郭某宽夫妇的儿子郭某才是他们的亲生儿子。一审法院判令河南大学淮河医院赔偿许某、姚某兵精神损害赔偿、医疗费、误工费等各项费用共计79万余元；赔偿郭某精神损害赔偿20万元；驳回许某、姚某兵、郭某对河南大学淮河医院的其他诉讼请求；驳回许某、姚某兵对杜某枝的诉讼请求。这个案件涉及诸多侵权法上的问题，如河南大学淮河医院因过错而导致原告许某夫妇的亲子被他人抱错，他们的何种民事权益遭受侵害？郭某作为许某夫妇的亲子，被杜某枝夫妇抚养，他的何种民事权益遭受侵害？如何赔偿？此外，姚某虽然已经去世，其生母杜某枝是否可以起诉河南大学淮河医院？

文学名著《红楼梦》中曾有一副对联叫作"世事洞明皆学问，人情练达即文章"。民法学习和研究中的问题意识当然要来源于真实社会生活的经验，而不能只是从书本到书本，从外国书本到中国书本。中国是一个幅员辽阔、人口众多的国家，社会经济生活极为复杂、变化多端，各种类型的民事纠纷都会发生，可以说，只有想不到的，没有未发生的。留心观察、认真思考、学以致用，何愁养不成民法人的问题意识！

中国社会科学院法学研究所陈甦教授是谢怀栻先生的学生，他曾出版过一本著作，叫作《法意探微》（法律出版社2007年版）。该书是由陈甦教授若干年来发表于《人民法院报》上的文章编辑而成。书中的文章都是针对社会生活的某个现象或者某个民事案件中的疑点难点，小题精做、阐幽发微。例如，书中有一篇文章《印章的法律意义》，专门就我国社会生活交往和交易活动中经常使用印章的现象，阐述印章的功能、在民事活动中的具体作用以及印章和签名的关系、注册与非注册印章的证明力等民法问题。其他的文章如《房产证的性质与作用》《小区地下车库的权属须依是否记入公摊而定》《遗体是不能强制执行的"遗产"》《站票与座票同价的法理分析》等，都是在一个有限的篇幅里，用清晰的条理、流畅的文笔，将一个看似平常之事中的民法问题挖掘出来，条分缕析地说清楚、讲明白。如果没有平时的学术积累和极强的问题意识，恐怕很难写出来。强烈推荐大家可以将该书找来一读，学习陈甦教授是如何从真实社会生活中去发现问题，做到以小见大、小题大做、小题精做。

8.2.2 什么是好题目

什么是好题目，见仁见智。对于学术功力高的学者来说，或许任何问题都可以研究一番。总的来说，可以作为题目进行研究的情形大致有以下三种。

一是，新题新作。一个从没有被学界注意到但却真实存在的问题，这种问题当然不存在针对它的研究了。对这种问题的研究成果将会因为提出问题本身而具有独创性。可以说，找到这种题目，文章已经成功了70%，即便对该问题的研究和论证并不是很充分或很深入，这样的文章也必然成为该领域不可不读的文献。对于学生而言，基本上很难找到这种题目，就算是老师，学术功力不够，也不可能发现。

二是，旧题细作，也就是说，问题此前被研究过，但既有的研究很薄弱、不充分，因此可以在既有的研究所取得的成果基础上往前大大地推进，予以深化。这种题目也是很好的题目，虽然问题的新颖性不足，但是只要研究的深度足够，也是很不错的学术成果。因此，找到这种题目可以说成功了40%，还需要通过扎实的研究去完成剩下的60%。

三是，旧题新作。是一个旧问题，已经有不少的研究，观点也很多，但是通过采取新的研究思路、研究方法或者研究材料而可以在该问题上提出新的观点，在批驳他人观点的同时，又能自圆其说，证成自己的观点。找到这种题目只能说成功了10%，剩下的90%取决于所采用的新思路和新方法。

由此可见，好的题目的重心还是在于一个"新"字。这也是进行学术研究、撰写学术论文的本质要求。如果不是发现新的问题、采取新的思路、提出新的观点，完全没有超出既有的研究，就无法实现知识的创新和增长。就我国的民法学研究而言，早期尤其是改革开放初期到20世纪90年代，很多领域我国学者都没有研究，因此，很容易就找到"新题"，只要对这些新题进行一番系统的研究，即便不深入，也已经算是具有独创性的成果了。但是，经过四十多年的发展，无论是民法学研究水平，还是民事立法的完善度以及司法实践经验的丰富度，都已经今非昔比。在民法总论、合同法、物权法，侵权法等传统民法领域中，大量的论文和著作不断涌现，国外的最新的研究成果也频繁地被学者翻译或者介绍。现在的民法学研究者想要找到一个完全没有人（包括没有中国学者）研究过的新题，已经很难。因此，民法学研究者必须积极拓展新的研究领域，如运用民法学理论开展对

第八讲 | 民法论文的写作

区块链、人工智能、个人信息保护、数据权属等问题的深入研究，做到新题新作；同时，还必须对已有深入研究的传统领域，依据《民法典》的规定，结合现代社会发展出现的新情况和新问题，进一步精耕细作，实现旧题细作、旧题新作。因此，只要有问题意识，平时注意积累，找到一个好的题目也并非难事。

当然，对于学生来说，选择论文题目时，有导师的指导，可以将初步选择的论文给导师看，由导师判断合适与否。有些导师喜欢给学生出命题作文，例如，有些将自己正在研究的课题的相关部分，分解为论文题目，交给学生去写。这样一来，学生既有可以写的论文题目了，导师的课题研究也完成了。笔者认为，这种做法不妥。课题研究能否与学生的学位论文结合，应当遵循自愿的原则，即学生原本参与了导师的课题研究并撰写了一部分内容，且愿意在这部分内容的基础上撰写学位论文。笔者在指导学生时从不指令学生写什么题目，而是由学生自主地，根据自己的兴趣决定。因为导师认为适合写的题目，学生未必适合，甚至很多时候以学生的学术能力根本就完成不了。所以，笔者一般是让学生在确定自己喜欢的民法的部门，如确定究竟是要写合同法或物权法中的问题，还是人格权法或侵权法的问题，先确定这个大的范围后，再确定具体的研究问题。此时，需要选择题目的同学再确定一些兴趣点，并初步阅读文献，寻找可以研究的问题。例如，有一位同学选择要研究侵权法的问题，然后她对侵权法中的监护人责任、用人者责任以及违反安全保障义务的侵权责任，这三个制度都有兴趣，即有三个兴趣点。但是，有兴趣不等于就能够找到要研究的问题，所以，接下来就必须阅读这三个制度的相关文献，寻找、发现其中可以研究的具体问题。

8.2.3 选题中的常见问题

1. 把不知道的问题当作具有研究价值的问题

很多同学在选题时都会犯这个错误，他们常常对老师说，合同法的为第三人利益的合同或侵权法中网络平台的侵权责任等问题值得研究。而当老师问他们理由的时候，他们的回答就是，什么是为第三人利益的合同、为第三人利益合同的类型、权利义务关系等问题，以及网络平台侵权责任中的通知规则、知道规则的判断、连带责任的构成等问题，都不清楚，故此值得研究。然而，这些所谓不清楚的问题都只是学生自己没有阅读相关文献，故此不知道而已。这些不知道的问题，不等于值得研究或者能够研究。只有充分阅读了上述两个主题的主要文献资料后，仍然发现还有疑问没有被解决，甚至产生了新的疑问，那么才可能说这两个题目值得做一番研究。因此，必须牢记，自己不知道的问题不等于值得研究的问题。一定要把因为自己孤陋寡闻、读书少而不知道的问题，与值得写一篇学术论文的问题，严格加以区分。否则，这样的论文写出来，充其量就是拙劣的教科书式论述。在选择研究题目时，一定要反复地问自己：自己要研究的具体问题究竟是什么？这个或这些问题是不是前人的研究中真的没有发现或者真的没有解决？

2. 把具体操作问题当作具有理论研究价值的问题

一些同学们在选题时还喜欢犯的一个错误，就是以实践中具体操作的问题作为选题来写论文,结果写着写着就发现,完全没有什么可写的。对于法官或律师而言,他们可能确实希望得到更明确的操作标准,来增强可预期性或者免除自己的责任。但是,这些问题并没有太多的理论研究价值。比如,如何认定违约金过分高于损失,解决的方法无非就是两种:一是确定一个固定的数值,以此划线,超过的就是过分高。最高人民法院的司法解释曾经就是采取这种看法,即当事人约定的违约金超过造成损失的30%的,一般认定为"过分高于造成的损失";二是提出一些参考因素,比如考虑合同的履行程度、违约行为的类型和违约方的过错、当事人的身份等。然而,要深入研究问题,就会发现其理论意义不大,比如批评最高人民法院的30%的标准不合理,为什么29%就不属于过分高呢?这种讨论意义不大,因为30%本身就是人为确定的,30%而不是29%或31%,唯一理由就是要给一个标准。至于研究这些参考因素,除了描述,也没有深入研究的价值。因此,论文选题时一定要注意选择那些具有理论研究意义或者研究价值的题目,而不能将司法实践中具体操作的问题来作为论文的选题。

3. 不适当的选择立法论问题加以研究

立法论问题,就是以新建现行法律体系中没有的规则制度或重构现行法中已有的某一规则制度为目的的问题。解释论问题,则是针对法律条文在理解与适用中存在的问题所做的研究,试图通过作者认为正确的阐释法律的方式来解决这些问题。研究立法论问题的文章往往是在新兴学科、新兴领域还没有相应的立法或者在法典编纂、法律起草的过程中撰写,抑或某一些法律规则制度施行有年，实践中弊端丛生，亟须通过修改法律加以解决时才撰写。这一类文章的目的就是达到引起理论界与实务界的关注，从而影响立法者，最终实现在法律中规定、修改或者删除某项规则制度的目的。但是，研究解释论问题的文章以不改变既有法律规则制度为前提，只是研究如何以解释法律或填补法律漏洞的方式来纠正实践中出现的弊端，或者批评对于法律的某种错误的理解而确立作者以为的正确理解，因此，解释论的文章始终围绕着现行法的规定，从现行法出发，又回到现行法。要清楚立法论文章和解释论文章在研究方法上的差异，可以参看崔建远教授的两篇文章：一篇为《从立法论看物权行为与中国民法》（《政治与法律》2004年第2期），另一篇为《从解释论看物权行为与中国民法》（《比较法研究》2004年第2期）。

就民法而言，在《民法典》编纂之前，民法学界的很多文章研究的是立法论问题，即批评《民法通则》《合同法》《物权法》《侵权责任法》等既有的民事法律，而认为应当在《民法典》中规定这个规则、那个制度，等等。但是，在《民法典》颁行之后，这类文章就很少了，主要的文章就是解释论的。这是因为，《民法典》正式施行的时间很短，姑且不论我们对于《民法典》是否进行了全面、充分、正确的理解，至少在短时间内即便《民法典》的规定有问题，也并未充分地暴露出来。况且，即便《民法典》适用中真的存在漏洞、冲突等问题，也应当先通过法解释的方法予以填补，而非动辄修订《民法典》。然而，一些同学在选题以及写文章的时候，却没有注意这一点，而是选择立法论的问题加以研究，主张修改或者删除《民法典》中的某某规定，这样的选题显然是不合适的。刑法学者周光权教授也认为：学者以及司法实务者的使命都是解释和适用刑法，不能动辄批评刑法立法，更不能以批评刑法立法为时髦。在写刑法论文时，原则上不选择立法建议方面的题目。①

4. 试图面面俱到地去研究问题

很多同学在论文选题时，抓不住焦点问题，而是准备面面俱到地去进行研究，从历史发展、概念、特征、主体、构成要件、法律后果等一个个写下去，这种写法就将论文写成了教科书，多数时候属于炒冷饭。如果是民法中出现的一个新规则或新制度，理论界还没有人研究，那么对该规则和制度进行一番系统的介绍，从历史起源写起，直到最终如何落脚于我国法律，也不是不可以。但是，如果一个规则或者制度已经有法律的规定并且研究很多的情况下，再这样写显然是不行的。比如，过失相抵规则、减损规则、损益相抵规则，这是损害赔偿法中经常被研究的问题，不仅有大量的论文，还有专著的研究，如果选择这样的题目进行研究，就必须是发现其中没有解决的一个或几个疑点问题或难点问题，来进行深挖，而不能面面俱到地去写，最后写出的论文必然是大量地重复前人已有的成果，这样的研究没有任何意义！

5. 混淆规范问题与事实问题

法学研究的是规范问题而非事实问题。鲸鱼是否属于哺乳动

---

① 周光权：《刑法学习定律》，北京大学出版社 2019 年版，第 139 - 152 页。

物，这是事实问题，属于动物学研究的范畴。鲸鱼是有体物中的动产还是不动产，这是规范问题，属于民法学研究的范围。民法学研究当然也应当多借鉴其他学科的知识，如社会学、经济学和心理学等，但无论如何，民法学研究的仍然是规范问题，而不是事实问题，不能改变研究的问题的性质。夫妻离婚，民法学要研究的是离婚的要件、夫妻共同财产的分割与债务的负担、子女抚养等权利义务和责任的问题，不研究导致夫妻感情破裂的心理因素、社会原因以及社会后果是什么。后者是心理学、社会学研究的问题。之所以强调这一点，是因为法学院中的非法律本科法律硕士同学的本科不学习法律，而是学习自然科学、人文或者其他社会科学，因此，他们容易选择的题目只是事实问题而非规范问题。

6. 误将外国民法独有的问题当作我国民法的问题

自然科学领域中是不存在中国和外国之分的，没有什么德国物理学与中国物理学。但是，社会科学在解决普适性问题的同时，也不可避免地要回答地方性问题，属于本土性知识。因此，才有中国民法、德国民法、法国民法与日本民法之分。所以，在选题上一定要注意德国民法、日本民法或者美国合同法上的问题不一定就是中国民法中的问题，反之，中国民法中的问题与德国可能半毛钱关系都没有。比如，我国的土地承包经营权制度就是极为独特的，像英美财产法中不动产的契据登记制就和我国的不动产权利登记制度有很大的差别。如果不仔细辨析，而将外国法上独有的问题作为中国法的问题来研究，就真的是"直把杭州作汴州"。当然，如果纯粹就是研究外国民法上的某一制度或规则，或者纯粹进行比较法的研究,就另当别论了。

8.3　撰写开题报告

学位论文的开题必须提交开题报告(也叫选题报告)。一个合格的开题报告至少应当包括以下要素:(1)研究主题,即核心问题(一级问题)以及多个下级的问题(二级、三级问题)。(2)文献综述,即对于待研究的主题进行的文献综述,包括哪些人做了研究了?研究到什么地步?国内研究如何?国际研究如何?国内法和比较法是如何规定的?现有的论文、著作、法律和案例是什么。(3)选题意义,即为什么要研究这个问题?在既有研究的基础上还有哪些问题是没有解决的?为什么要解决这些问题?(4)研究方法,准备采取何种研究方法和研究路径来进行研究?可行性如何?(5)框架结构,即准备撰写的论文的大致的结构安排。(6)参考文献,包括已经研读的和准备要研读的文献资料。

开题报告中最重要的、最核心的就是文献综述。事实上,只有先进行文献综述,才可能确定研究主题,才知道选题的意义和确定大致的框架结构等。本书第七讲对于如何进行文献综述有详细的介绍,此处不再赘述。

8.4　论文的体系结构

8.4.1　三部分结构

　　民法论文的体系结构可以大致分为三部分：引言、正文与结语，它呈现的是"两头小，中间大"的橄榄型结构。

　　第一部分是引言，也可称为导言、问题的提出等。该部分就是开门见山地提出问题，告诉读者要研究什么问题，为什么要研究这个（这些）问题以及准备如何研究（即研究思路和研究的方法等）。这就相当于导游带着游客游览一个景点，在景点门口先就景点的概貌和游玩的路线作一个说明。如此一来，读者对于整个论文的结构和思路有一个大体的了解。总的来说，引言的功能有三个：其一，引起读者阅读本文的兴趣；其二，为读者阅读提供导引或指南；其三，界定研究范围，减少干扰因素。此外，在引言部分，对于一些基本的概念，只要不是作为论文讨论的问题，就可以提前界定清楚，避免后文论述中存在争议。引言部分的内容不能过多，也不能过略。就一篇 15 000 字～20 000 字的论文而言，该部分大体上占到 500 字～1 000 字即可。如果是 3 万字或 10 万字的硕士或博士学位论文，该部分大体上应当是 2 000 字～8 000 字的规模。

第八讲 | 民法论文的写作

第二部分是正文。这是论文的核心与主干部分，以 20 000 字的论文来算的话，正文部分至少是 16 000 字～17 000 字。正文部分就是对文章研究问题的详细展开，具体怎么划分，要根据研究问题的不同而有不同，但是至少要有三个小部分，也不宜过多。当然，无论分为几部分，各部分之间要有内在的逻辑联系。正文的具体结构如何，因论文的类型和研究的问题不同而有不同，并没有固定的规则，下文对此予以详述。

第三部分是结语。这一部分主要起到总结、提炼的作用。结语部分不能简单地重复正文的观点，否则就和摘要没有什么区别了。结语部分最好能够起到深化文章主题的作用，包括作出一些超越具体问题的理论思考，提出具有普遍意义的观点，或者指出未来应更深入研究的问题。当然，结语所占篇幅也是非常小的。就 2 万字的论文而言，结语写上几百字就够了。

在论文结构的安排上，同学们比较容易发生的错误包括：其一，将比较法的内容专门作为一章，这是很多同学喜欢犯的错误。实际上，比较法只是撰写民法学论文中的一种研究方法，在具体的问题的研究中可以使用，例如，在一篇研究侵害个人信息权益的侵权赔偿责任的文章，当然可以在讨论到归责原则、损害的范围和计算等具体问题的部分，对德国、英国、美国、日本等国家的法律规定或者法院的判例进行比较分析，但是，如果专门用一章来依次对德国、美国、英国、日本等国家的侵害个人信息权益的侵权赔偿责任逐节加以介绍，这个结构就有问题的。因为，这样相当于直接拆散了整篇论文，比较法介绍的这一章与其他章节基本上没有关联，去掉这一章，不影响其他部分。

其二，不能合理区分正文的章。如前所述，正文部分的段落一般最少有三个章是比较好的，但具体是分为四章、五章抑或更多，取决于不同的文章和作者的写作风格。同学们在写论文时最容易出现的问题就是划分章节不合理。有的时候，正文中的某一章内容特别简单，只有1页~2页，有的时候又特别多，常常是一章下面分了十几节。这种情况下，从论文结构的均衡度以及美感出发，应当考虑将这一章分割为两个章节，从而大体保持每一章的规模是均衡的。

其三，不少同学喜欢在正文的最后安排一章，专门是关于某某问题的法律对策，在这一章里将文章研究的某个规则或者制度中存在的问题再罗列一遍，然后逐个分析并写出对策。或许在研究报告或者对策建议中，这样做是合适的，但在法学论文中不能这样安排。因为论文要遵照提出问题、分析问题和解决问题的框架，如果相关问题已经在前面有关部分进行了讨论，则在相应部分可以直接给出答案或者对策建议，不需要统一汇总到文章的最后。

其四，认为体系结构固定后不能动，因此反复地花时间在体系结构的调整上。这种做法显然是错误的，论文的体系结构一开始只是暂定的，并非固定不变，而是需要依据研究的进展而相应地调整。随着研究和写作的深入，作者很可能发现暂定的体系结构存在遗漏、错误等问题，需要进行调整。因此，在论文写作之初，可以大体确定一个体系框架，然后按照这个体系去阅读分析和写作，不必等体系结构完全调整完毕之后才开始写作。总的来说，最终写作完成的论文的体系结构只能服务一个目的，就是清晰、准确地向读者展示作者的观点和论证过程。简单地说，就是为了将问题研究清楚，然后以能够让人理解的方式表达出来。不仅如此，好的论文会在每个部分之间给出明确的关联，形成一种"势"，一种方向感，每个句子（或段落）不仅为后文打下基础，而且已有前文做好铺垫。"你写下一个句子时，就在读者的头脑中创造了一种预期，即下一个句子会以某种方式延续和扩展当前的句子，哪怕下一个句子要展开一个新方向。我们不妨把每个句子都想象成有两只手，一只向后，一只向前。"①

8.4.2 论文的类型

　　文章区分为前言、正文和结语这三部分好理解，但正文究竟怎么写，如何展开正文的结构，却很是令人困惑。实际上，这也是由于同学们平时读学术论文很少，不注意那些好的论文的结构、分析路径所致。多读学术论文，可以提高鉴别力，知道什么是好文章，什么是坏文章，也大致可以知道论文的不同类型及其结构，从而模仿那些好的文章的体例和结构。所谓"熟读唐诗三百首，不会作诗也会吟"。要想学会做研究、学会写论文，就要不断地实践。研究是一门技艺（craft），而技艺是需要在不断的实践中才能掌握的。陆游诗云："古人学问无遗力，少壮工夫老始成。纸上得来终觉浅，绝知此事要躬行。"毛泽东在《实践论》

---

　　① ［美］杰拉尔德·格拉夫、凯茜·比肯施泰因：《高效写作的秘密》，姜昊骞译，天地出版社2019年版，第93页。

中说:"想要知道梨子的滋味,就要亲口尝一尝。"这都是在说要实践,要亲自动手。

事实上,正文的体系结构如何,在很大程度上也是与文章的类型密切相关的。依据文章所研究的问题和观点的数量不同民法学论文可以分为两大类:一是,单一问题型;二是,多个问题型。单一问题型,是指整篇论文研究的是一个核心的问题,作者要阐述的是一个核心观点,整篇文章就是围绕这个问题展开研究,并论证作者所持的这个观点。例如,王利明教授发表的、在个人信息保护法领域中他引率最高的一篇文章——《论个人信息权的法律保护——以个人信息权与隐私权的界分为中心》(《现代法学》2013年第4期),该文总体上属于立法论的论文,核心观点就是:个人信息权属于法律上应当明确作出规定的、独立于隐私权的一种新型的、具体的人格权。为了论证这个命题,作者首先介绍了比较法上对隐私权与个人信息的不同规范模式,然后在第二部分阐述个人信息权与隐私权的关联,第三部分则讨论个人信息权与隐私权的界分,最后也就是文章的第四部分提出我国保护个人信息权的应然路径。崔建远教授发表在《法学研究》2020年第1期的《混合共同担保人相互间无追偿权论》,也属于单一问题型论文,文章研究的问题就是:在同一债权既有物的担保又有人的担保,而当事人又没有约定且法律也没有规定担保人相互之间具有追偿权的情况下,物上担保人之间、物上担保人与保证人相互间是否享有追偿权?作者从解释论和立法论两个角度出发,批判肯定说,支持否定说,得出混合共同担保人之间如果没有约定或者法律没有特别规定时没有追偿权的结论。笔者发表在

2003年第4期《法学家》杂志上的论文《论意思联络作为共同侵权行为构成要件的意义》一文研究的就是共同侵权行为究竟是否需要以行为人之间具有意思联络为要件，文章采取的是肯定说，一方面批评了否定说的弊端，另一方面论证了肯定说的意义。

所谓多个问题型，是在一个大的主题或大的问题的框架下展开对多个问题的研究并分别针对这些问题阐述自己的观点，此类文章可以再分为系统研究型与法条评释型。系统研究型，就是指对民法中的某一规则、某一制度，或者不同规则与制度的关系等进行系统性的研究。例如，谢怀栻先生的《论民事权利体系》就对民事权利体系的构建标准即民事权利的区分方法，各类民事权利的含义与内容等进行了全面的梳理。王利明教授的《惩罚性赔偿研究》（《中国社会科学》2000年第4期）一文，就是对惩罚性赔偿制度的整体性研究，内容包括了惩罚性赔偿的历史发展、惩罚性赔偿的特点及其与补偿性赔偿的关系、惩罚性赔偿的功能、惩罚性赔偿在合同责任中的适用等。笔者在2018年第3期的《中国社会科学》发表的论文《论大数据时代的个人数据权利》也属于系统研究型论文，讨论的问题包括数据能否成为民事权利的客体，如果可以的话自然人对个人数据享有的是何种民事权利，企业对其处理的个人数据是否享有受到保护的权利以及应如何保护等。

法条评释型论文则是围绕着一个或几个法律条文，对之进行全面的或挑选出重点问题进行的研究。例如，梁慧星教授的《合同法第二百八十六条的权利性质及其适用》（《山西大学学报（哲学社会科学版）》2001年第3期）研究的就是《合同法》第286

条规定的建设工程价款的优先受偿权的性质如何，有哪些成立条件、法律效力和行使方式怎样等问题。韩世远教授的《违约金的理论问题——以合同法第114条为中心的解释论》（《法学研究》2003年第4期）围绕着《合同法》第144条关于违约金的规定，对于我国法上是否有惩罚性违约金，违约金的适用是否以违约人有过错为要件，违约金的数额如何调整，违约金与损害赔偿的关系如何，违约金可否与定金并用，违约金与合同解除是否可以并用等问题进行了系统的研究。再如，笔者发表在《环球法律评论》2020年第6期的论文《论〈民法典〉第702条上的保证人抗辩权》依次对《民法典》第702条的立法模式与规范意义，保证人拒绝承担保证责任抗辩权的性质、内容、成立要件，该权利与保证期间、保证债务的诉讼时效的关系等问题进行了研究。

8.5 文章的论证

8.5.1 提出观点并阐述理由

论证（argument）就是用论据来证明论题的真实性的论述过程，是由论据推出论题时所使用的推理形式。简单地说，论证就是用理由去证明某些观点的过程。撰写民法论文或者其他任何学术论文，首先要做到就是，清晰明确地提出观点（claim），阐述支持自己观点的理由（reason）。在民法的很多问题上，既有的学说往往争论不休、莫衷一是。对于一个问题，至少都会有肯定说、否定说和折中说这三种观点。除非作者提出了第四种观点，否则，就必须作出选择，到底是支持肯定说、否定说还是折中说，这就是清晰明确地提出观点。不能一会儿采取肯定说，过一会儿又赞同折中说，摇摆不定。提出观点了，当然要详细阐述支持自己观点的各种理由（包括主要理由和次要理由）。例如，关于违法性（不法性）是否属于我国法上侵权责任的构成要件的问题，一直存在肯定说与否定说两种不同的观点。王利明教授一直是持否定说的，在《我国〈侵权责任法〉采纳了违法性要件吗？》一文中，他开篇就很明确地提出了观点：中国的侵权法没有完全采纳德国侵权法的四要件说，而是从其中排除了违法性这一因素。然后，文章提出了支持这一观点的五大理由：第一，侵权法从行为法到责任法的发展就是对违法性要件的否定。第二，我国法上没有严格区分权利和利益的制度框架是与违法性要件不相容的。第三，过错责任的一般条款也排斥了违法性要件。第四，减轻或免除责任的事由规则排斥了违法性要件。第五，严格责任中也不存在违法性要件。上述五大理由下面又依次展开了各种次级理由。

再如，共同加害行为即狭义的共同侵权行为是否必须以行为人之间存在意思联络作为构成要件，也有很大的争论，存在肯定说与否定说两派观点，在否定说中又细分为共同过错说、共同行为说与折中说。在《论意思联络作为共同侵权行为构成要件的意义》一文中，就意思联络是否应当作为共同侵权行为的要件，笔者赞同肯定说，而用来支持这一观点的有两大理由：一是指出采取肯定说的理论意义，具体包括：首先，意思联络作为要件可以控制连带责任的范围，确保自己责任；其次，有利于正确区分共同侵权行为、单独侵权行为与共同危险行为。再次，反驳了共同过错说，认为并不存在所谓的共同过失的概念。最后，取消意思联络也会导致混淆连带责任和不真正连带责任。二是强调了肯定说的实践意义，主要表现在更有利于保护受害人，减轻了受害人的举证责任。

文章中支持作者观点的理由既可以是作者提出的全新的理由，也可以是既有研究成果中存在的理由而将之发挥了新的功用，例如，原本是支持否定说的理由，实际上是可以用来支持肯定说的。当然，无论如何这些理由都应当是与观点具有关联性的理由，而非毫无关系的、强拉硬扯的理由。这就是说，很多时候，作者还应当让读者相信他提出的这些理由与作者主张的观点是存在关联性的，即举证证明理由与观点之间的关联性。[①]

8.5.2　提出证据支持理由

仅仅是提出理由还不行，要证明自己的观点，还必须将理由建立在坚实的证据（evidence）的基础上。撰写论文时，可以运用交易金额、交通事故、法院案件受理数量等数字作为证据，民法学的研究也会运用社会学、经济学的一些方法，如入户调查、

---

① ［美］韦恩·C. 布斯、格雷戈里·G. 卡洛姆、约瑟夫·M. 威廉姆斯：《研究是一门艺术》，陈美霞、徐毕卿、许甘霖译，新华出版社2009年版，第112－113页。

第八讲 | 民法论文的写作

走访谈话，样本分析等，不过，总体来说，能够使用这种证据的情形较少。那么，究竟要提出什么证据来支持自己的理由呢？是不是德国、法国、日本等国家民法典是如此规定的，就可以作为证据呢？抑或某某国外著名法学家采取的是这种观点，引用他的话就可以作为证据呢？笔者认为，这些都不能作为证据。一篇研究中国民法问题的论文不是研究比较法的论文，外国民法典等法律的规定或者司法实践以及学说本身不可以作为证据，它们只能告诉读者：对于我国民法上的这个问题，别的国家是怎么解决的，只能说提供了一种解决问题的方案或参考，不能作为支持理由的证据。[①]

民法论文讨论的问题类型的不同，决定了用来支持作者的观点和理由的证据有所不同。王轶教授将成文法传统下的民法问题区分为四类，即事实判断问题、价值判断问题、解释选择问题以及立法技术问题。所谓事实判断问题，意在揭示生活世界中存在哪些类型的利益关系，以往对这些利益关系进行协调的手段是什么、其绩效如何。价值判断问题意在以讨论事实判断问题得出的结论为前提，依据特定的价值取向决定生活世界中哪些类型的利益关系适合采用民法上的手段进行协调，并依据特定的价值取向对相应的利益关系作出妥当的安排。解释选择问题意在用民法的语言将价值判断的结论及其附属因素表述出来，完成从"生活世

[①] 实施单纯的对于法条的比较研究，意义有限。诚如学者所言，我国民法学界所进行的"大量比较和借鉴还没有深入规律层面，而是表现为一种对域外法律规则和学说的简单译介和直接'进口消费'，并没有对中国语境给予足够充分的关注和考虑"。熊丙万：《中国民法学的效率意识》，载《中国法学》2018 年第 5 期，第 94 页。

界"向"民法世界"的转换,为民法的成文化开辟可能;立法技术问题则是讨论在民法成文化的过程中,如何在一部法典或一部专门法律中,妥善容纳价值判断的结论。①

笔者认为,上述不同类型的民法问题对于支持理由的证据有不同的要求。事实判断问题总体上解决的就是真和假、有和无的问题,即某事是否存在、某个事实陈述是否真实等。这就像争论黑天鹅是否存在的问题一样,有人说有,有人说没有。如果找出了一只黑天鹅,那么说没有的观点就是错误的。我国民法学界围绕着惩罚性赔偿制度的利弊展开了争论,有的学者认为,这个制度不好,理由之一就是刺激了职业打假人的产生。为什么刺激职业打假人就会认为惩罚性赔偿制度不好呢?因为职业打假人以打假为业,并未导致产品安全得到保障,反而据此牟利,无端兴讼,浪费司法资源,使并未生产不安全产品的当事人被判高额赔偿等。这显然就是一个事实判断问题,作者就必须拿出证据来证明这一点。比如,作者对全国法院适用《消费者权益保护法》中的惩罚性赔偿规定的所有判决进行了研究,通过该研究得出了证据。再如,有人主张《民法典》规定的人格权就是民事权利,而不涉及政治权利。对于这个观点,他提出的一个理由为立法机关就是将人格权作为民事权利加以规定的。这是一个事实判断问题,只要找出证据材料证明即可。现在,他找来了全国人大常委会副委员长王晨 2020 年 5 月 22 日在第十三届全国人民代表大会

---

① 王轶:《民法价值判断问题的实体性论证规则》,载《中国社会科学》2004 年第 6 期。

第八讲 | 民法论文的写作

第三次会议上,受全国人大常委会委托作的《关于〈中华人民共和国民法典(草案)〉的说明》,该说明中有一段论述可以作为证据——"草案第四编'人格权'在现行有关法律法规和司法解释的基础上,从民事法律规范的角度规定自然人和其他民事主体人格权的内容、边界和保护方式,不涉及公民政治、社会等方面权利"。应当说,这段话确实可以作为证据,来解决上述事实判断问题。

不过有些时候,事实判断问题也不那么容易认定解决。比如,全国人大常委会法制工作委员会民法室撰写的民法典释义书中的观点是不是立法者的意思?显然,这个问题比较复杂。因为我国最高立法机关只有全国人大及其常委会,全国人大常委会法制工作委员不是立法机关,只是全国人大常委会的工作机构,同时,全国人大常委会法制工作委员会的办事机构也是全国人大宪法和法律委员会的办事机构。无论是全国人大常委会法制工作委员会民法室还是经济法室,抑或其他室,不属于立法机关。他们撰写出版的著作不是立法理由书,更不是法律解释,没有任何法律效力,其在性质上和学者撰写的著作没有什么不同。从这个角度上说,不能认为民法室撰写的释义书就是立法说明或者体现立法者的意图。然而,众所周知,在立法过程中,民法典就是由全国人大常委会法制工作委员会的民法室先起草的初稿,然后经由宪法和法律委员会讨论、征求各界各部门意见,公开征求社会公众意见等过程逐步加以修改,形成草案的各次审议稿,这个过程始终都是由法工委负责的。除了重大的原则性问题由中央决定外,绝大部分立法的争论实际上就是由全国人大常委会法制工作委员会来决定的。因此，全国人大常委会法制工作委员会民法室撰写的民法典释义书中的很多观点，实际上就代表着立法意图。从这个角度说，将民法室撰写的民法典释义书当作立法理由来看待又没有问题。

对于价值判断问题、解释选择问题以及立法技术问题，作者要支持自己的观点实际上要拿出的证据还是事实。所谓价值判断中各方价值分歧本身就是建立在对事实认知的分歧上的，比如争论特别大的"南京彭宇案"，如果脱离特定的案件事实，争论者在价值判断上没有分歧，都会赞同要助人为乐的行为，痛恨忘恩负义。可问题在于，到底彭宇是撞人了还是完全没有撞人而是救人，有很大的争议。然而，大部分人在讨论时都没有功夫去查明更费事费力的事实问题，而愿意在更为轻松的价值判断问题上亮明观点，占据道德制高点。对此，经济学家弗里德曼曾言："责问一个人的动机，常常要比回答他的辩论，或迎战他的论据要容易得多。通过把与我们持有不同观点的人视为要想取得'坏'目标的'坏'人，我们可以缩短进行分析及收集证据的艰苦过程，而与此同时，又可以赢得公众义愤与道德热情对我们的观点的支持。"①

如果相关问题的争论是价值判断问题上的选择不同，比如，有人主张为了更好地保护所有权等物权，应当严格限制动产的善意取得的构成要件，将盗赃物排除在外；有人则认为，为了保护交易安全、提高交易效率，不应当将盗赃物排除在善意取得的适

---

① ［美］米尔顿·弗里德曼：《经济学中的价值判断》，载《弗里德曼文萃》（上册），胡雪峰、武玉宁译，胡雪峰校，首都经济贸易大学出版社2001年版，第6页。感谢师弟熊丙万教授与笔者就此问题的讨论并提供了相关参考资料。

用范围之外。这种情形下,大家没有形成价值共识,如何证明自己所重视的价值一定会优先于别人所重视的价值呢?这里也必须提出相应的证据即事实加以证明,比如某条法律规范明确规定了某个价值优于另一个价值,或者当某个价值优于另一个价值时会出现更好的结果等。同样,对于解释选择问题以及立法技术问题,也必须拿出证据即事实来证明做这种解释比作那种解释更好、更适当,或者立法技术中这种立法技术而非那种技术更妥善地容纳价值判断。例如,物权行为就是一个解释选择问题,也就是说,物权行为的争论并不是一个《民法典》需要作出规定或者不规定的问题,而只是一个解释我国基于法律行为的物权变动模式问题,即究竟采取物权行为理论还是不采取物权行为理论,更好地实现物权变动模式中的价值判断的结论。此时,无论赞同还是反对物权行为的人,都必须拿出证据来证明。

就价值判断问题、解释选择问题和立法技术问题中支持理由的证据而言,主要包括三类:一是共识性事实,即只要是真诚的并且进行严肃的学术讨论的人都会认可的事实,比如,大家都认为滥设连带责任是有害的,对于这个事实大家都是认可的,那么这就是共识性事实。二是经验性事实,也就是需要进行调查统计、收集数据加以分析而形成的事实。例如,对《物权法》规定地役权制度进行统计分析发现,全国没有登记机构进行过真正意义上的地役权登记;三是其他学科证明的事实。在民法学研究中对于有些其他学科如经济学、心理学、社会学等已经证明的事实,也可以作为支持理由的论据。

8.5.3 开展对话和辩论

写作不是自说自话,而是与他人的对话与辩论。"优秀的写作不是在真空中堆积没有争议的事实,而意味着加入对话或者辩论。最优秀的学术写作都有一个基本的特点:深切关注其他人的看法。表达自己的观点('我说')固然重要,但回应其他人的观点('他说')同样重要。"① 在撰写民法论文时,要始终注意不是在自说自话,不是单向的,而是双向的,是在与所有的民法学界同仁和任何有兴趣阅读本文的人进行的交流。因此,不仅要清晰、明确地表达自己的观点,阐述理由,提出证据,更要公正客观地对待他人的观点、理由和证据,不能无视他人的观点、理由和证据,不能故意歪曲他人的观点,对于有利的和不利的理由和证据都要注意,而不能只关注有利于己的理由和论据。

8.6 文章的形式问题

8.6.1 文章名与章节标题

所谓名实相符,要求文章的名称应当能够准确地概括本文

---

① [美]杰拉尔德·格拉夫、凯茜·比肯施泰因,《高效写作的秘密》,第17页。

研究的主题。一般来说，文章名不要太长，但也不能太短，不能有同语反复、自相矛盾等情形，至于是叫"论某某某"或"某某某研究"，抑或其他名称，不一而足。学术论文虽然无须如同小说、电影那样要靠名称吸引人，但是，好的文章的名称对于发表的概率、引用率和传播面，得到更多的人阅读，都是非常重要的。通常来说，学术文章的名称一般都是比较朴素的，但也有喜欢用文学化的表述来取名的，民法学这种情形相对比较少。

文章名是否要加副标题，因人而异。副标题可能是对主标题的限缩，还可能是扩充研究范围。起限缩作用的副标题比较常见的表述是"以某某为中心"，如王利明教授的《论个人信息权的法律保护——以个人信息权与隐私权的界分为中心》，王轶教授的《民法典的规范配置——以对我国〈合同法〉规范配置的反思为中心》，高圣平教授的《融资租赁登记公示制度的建构——以民法典合同编融资租赁合同章的修改为中心》等。起扩充作用的副标题一般比较少，其往往是用"兼论某某某"的表述方式，例如，王利明教授的《人格权的积极确权模式探讨——兼论人格权法与侵权法之关系》，梁慧星教授的《中国产品责任法——兼论假冒伪劣之根源和对策》等。

文章中的各个章节的标题应当能够最为准确地概括本章的内容，且内容能够被整个文章名所涵盖，它们相互之间的关系应当是文章名包含章名，章名包含节名，节名进而包含下面的更细部分。因此，它们的名字一定不能重复。

8.6.2 摘要、关键词与注释

摘要对于读者快速掌握文章的核心问题与观点具有重要的价值，因此摘要一定要言简意赅，指明文章研究的核心问题并凝练核心的观点。关键词也要是文章的真正的关键词，否则利用关键词检索的时候就很难搜索到文章。

关于注释已经有不少讨论了，各个杂志社也有相应的注释规则，这里不多介绍，有兴趣的读者可以参考《法学引注手册》（北京大学出版社 2020 年版）中的详细论述。这里主要说明以下几点。

1. 注释分为"注"和"释"。前者是注明出处的功用，不论是直接原文引用还是归纳概括后间接引用，都叫作"注"，无非有些杂志要求并非原文引用的，要在注释的前面加上"参见"二字。释就是解释、说明的意思，其功能在于：其一，就某些问题向读者做一个交代，比如指出某些问题还有争议，但是由于本文仅研究某个问题，故此争议的问题将另行撰文或者请参考哪些资料；其二，对不适合在正文中说明的理论或界定的概念，也放在注释中说明。

2. 要区分直接引用与间接引用。所谓间接引用，也称转引用，是指作者没有直接看过被引用作品的德文、英文、日文等外文原版，而是看了二手（甚至更多手）文献上翻译的内容或者引用的内容，此时，若直接引用该二手文献中相关资料，一定要先注明被引用的外文原版的名称、页码，再注明"转引自"某二手文献的字样。比如,笔者不懂法文,更无法阅读此类文献。但是,在懂法文的作者发表的中文或者英文的文章和著作中发现了某一法文文献中的某段话,觉得很好,此时就必须先注明引用的是法文文献的相关信息,然后注明转引自中文文献的相关信息。

3. 中外文注释应当各从其例,即中文遵从中文的体例,德文、英文、日文、法文等则各自遵从其本国法学界惯用之体例。例如,德国一些法学书籍尤其是各类民法典评注会在扉页中注明引用条例,如《慕尼黑民法典评注(Münchener BGB Kommentar)》因为卷数很多,各卷的主编和参与撰写的作者各不相同,有必要使用统一的注释体系,即 MünchKommBGB/Bearbeiter §..RdNr...,这种引用方法是说,被引书籍《慕尼黑民法典评注》统一用"MünchKommBGB"来代表,而"Bearbeiter"是指具体的每一条的撰写,"§"后面写具体的条文,"RdNr."后面则是写页边码数字。例如,第 823 条评注的撰写人为 Gerhard Wagner 教授,那么引用第 823 条评注的页边码 99 页时,就应当写 MünchKommBGB/Wagner§823.RdNr.99。在英美法系尤其是美国,对于法学论文的引注更是有烦琐的要求,美国著名法律杂志《哈佛法律评论》还有所谓的蓝皮书(Bluebook)专门加以规范。另外,在 Heinonline 网站上下载的每一篇英文论文的前面都有在注释中引用该文的包括蓝皮书体例在内的八种体例。不过,我国国内的法学刊物也有不少会强制所有的外文引注都保持相同的体例,这种做法并不科学。

4. 引用文献的版本问题。论文一般不存在版本的问题,但是著作存在不断修订再版的情形,此时原则上应当引用撰写论文时最新的版本，另外，对于作者在各个版本中针对同一问题的观点发生的变化，可以在注释中加以说明。如果引用的外文著作有了中译本，究竟引用哪一个版本？显然中国人阅读中译本的速度会更快，此时如果只是阅读了中译本，当然应当诚实地引用中译本，如果看了外文原文，并在中译本翻译的基础上进行了完善修改，则可以引用外文原著，但应当注明"中译本参见某某书"[①]。

8.6.3 参考文献目录

参考文献目录就是在文章后面列出所参考的主要文献，一般是在学位论文尤其是硕士和博士学位论文后面有此要求。参考文献一般只要列出主要参考文献，即引用频次较多的论文和中外文著作，至于仅引用一次的论文或著作则可以不列，至于我国的法律法规司法解释则不能列为参考文献，外国的民法典可以列出不同的参考译本。

参考文献目录应当按照一定的方法排列，如果所在学校有专门要求，则应遵守。没有专门要求的，可以分为中外文两部分，中文文献可以先列论文、再列著作，著作中应当区分中文著作和翻译的著作，无论是论文还是著作，最好的方法就是采取作者姓名拼音的第一个字母为序排列。外文文献如果有英文、德文等多种外文文献的，应当区分，在英文文献中先列论文、后列著作，

[①] 张翔：《法学论文写作的 30 个进阶技巧》，载麦读微信公众号，https://mp.weixin.qq.com/s/mW-mAdcsxqNBGqyY7694CQ（2022 年 5 月 23 日浏览）。

或者反之都可以，其他外文文献也应当统一采取相同的排列方法。这样整个参考文献目录就非常清晰。

目前，在学位论文尤其是硕士学位论文列参考文献目录时，容易出现的问题除上述不按照一定的顺序排列外，就是虚列参考文献，也就是说，文章中并没有参考的文献尤其是外文文献，也被虚假地放在目录中了，这是一种很不诚实的行为，应当予以纠正。

8.7 修改完善

文章应作反复的修改打磨。关于文章的修改，鲁迅先生曾言："写完之后至少看两遍，竭力将可有可无的字、句、段删去，毫不可惜。""我做完之后，总要看两遍，自己觉得拗口的，就增删几个字，一定要它读得顺口。"写论文很少有一挥而就，不改一个字的，甚至可以说，好的学术论文都是改出来的。不仅要观点鲜明、论证充分、逻辑严谨，而且要求文从字顺、清晰易懂、要言不烦，没有经过修改和打磨是难以做到的。所谓文章不厌百回改，千磨万砺始成金。

就笔者写作论文的体验而言，一般是初稿完成后，放上几天，当作一个"冷静期"。因为，如果马上修改，一则刚写完，惯性思维，不会马上有新的思路和想法。此时修改，无非是改一些错别字而已，意义不大。二则，人都有敝帚自珍的心理，在付出了艰辛的劳动后，总是乐意相信自己写的文章是有价值的，而不愿自我否定与批评。论文初稿完成之时，正是这种心理最强的时候，故而不适合修改。放置一段时间，让自己冷静冷静，然后打印出来。这个时候，作者应当将自己放在一个第一次阅读这篇文章的读者的位置，来批判、挑剔地阅读它。此时，往往会发现不少问题，无论是文字标点符号，还是文章的逻辑结构、论证过程、表达方法等，都可以改进和完善。当然，也可以把文章的初稿发给学术挚友求教，很多时候从旁人的角度提出的意见是当局者始终看不出的。对于想要投稿在法学刊物上正式发表的学生和学者而言，还会有责任编辑、外审专家提出的修改意见和要求需要反馈和处理。

8.8 推荐阅读材料

1. ［美］韦恩·C.布斯等：《研究是一门艺术》，何卫宁译，新华出版社 2021 年版

这是一本非常好的、实用的书。每一年我都会将其推荐给自己新指导的研究生。该书对于如何做研究进行了简洁明了、系统完整的介绍，从开始研究计划，找问题、找答案，再到提出观点并加以论证，以至准备撰写和修改草案等全流程。正如本书英文书名《The Craft of Research》所揭示

的那样,"Craft"是一种技艺、技能,需要通过实践的训练才能掌握进而熟练地运用。我国缺少这样的书籍,许多同学读完硕士乃至博士,都不知道如何做研究。该书 2009 年引入时是原书第三版,目前最新的 2021 年的中译本由原书第四版翻译而来。

2. [日] 大村敦志、道垣内弘人、森田宏树、山本敬三:《民法研究指引:专业论文撰写必携》,徐浩、朱晔、其木提、周江洪、解亘译,渠涛校,北京大学出版社 2018 年版

诚如渠涛教授在代译者序中所言,这本书的作者在 20 年前撰写本书时都是日本民法学界年富力强、出类拔萃的学者,他们利用宝贵的时间合力撰写了本书,从"魂"——论文的构思,"型"——论文的体例,"体"——手法的运用,"技"——写作的技巧,"响"——产生的影响等五个大方面,对于民法研究以及民法论文的撰写提出了指引,非常值得阅读!

3. 梁慧星:《法学学位论文写作方法》(第 3 版),法律出版社 2017 年版

这是梁慧星教授撰写的一本法学学位论文写作方法的著作,作者结合丰富的指导硕士、博士论文的经验,指出了法学学位论文中常见的错误,并就如何选题、资料的收集使用、结构的确定、研究方法、学术见解乃至社会责任等多方面进行了简明扼要的分析介绍,值得推荐。

第九讲

民法人的素养

孟子云："博学而详说之，将以反说约也。"胡适先生曾言："为学要如金字塔，要能广大要能高。"要学好民法、刑法、宪法或者任何一门学问，都应如此，努力做到博与精的结合，所谓"宽口径，厚基础"是也。笔者认为，在法学之外，民法人还应当具备以下素养。

9.1 掌握语言的能力

英国著名法官丹宁勋爵在《法律的训诫》一书开篇就写道："要想在与法律有关的职业中取得成功，你必须尽力培养自己掌握语言的能力。语言是律师的职业工具。当人家求你给法官写信时，最要紧的就是你的语言。你希望使法官相信你的理由正确，所依靠的也正是你的语言。当你必须解释成文法的某一款或规章的某一节时，你必须研究的还是语言。你一定要靠分析语言，才能发现句子的涵义，并且要逐字逐句地分析；直到最后一个音节。当你必须书写遗嘱或者合同时，你务必仔细选择措词，你一定要看到将来——设想各种可能发生的偶然情况——然后运用适当的语言为各种意外做好准备。你的委托人的未来，可能就根据你所使用的语言而定。"[①] 丹宁勋爵所说的掌握语言的能力，既包

---

① ［英］丹宁勋爵：《法律的训诫》，杨百揆、刘庸安、丁健译，法律出版社1999年版，第5页。

括书面语言，也包括口头语言。

毫无疑问，对于学习民法的人来说，掌握书面语言与口头表达都是极为重要的事情。在法学院就读时，上课时需要回答老师的提问，要能够用精确清晰的言辞来表达自己的观点，课后要撰写课程论文、案例分析报告，论文开题需要提交开题报告，想要取得学士、硕士乃至博士学位，还要撰写一篇合格的学位论文。如果不掌握语言，写作能力低下，逻辑混乱，前言不搭后语，甚至连基本的标点符号用法都不知道，恐怕这样的学生，在要求稍微严格一些的法学院能否顺利毕业都成问题。在法律实践中，无论是拟定合同、公司章程、遗嘱，向法院或仲裁机构提交起诉书、申请书、答辩状或上诉状，向行政主管部门提交相关申请文件，还是与客户洽谈业务，在法院和仲裁庭上发表代理意见，与对方代理人进行言辞辩论等，也处处离不开好的语言能力。如果说，这些都是微观层面的，那么从宏观层面上说，"法的优劣直接取决于表达并传播法的语言的优劣。语言对法本身的重要性，同样适用于法律工作者对语言的驾驭能力的重要性。"[①] 总之，想清楚的，不一定能说清楚；说清楚的，不一定能写清楚。我们应当努力做到的是，想清楚、说清楚和写清楚。

问题在于：如何掌握语言？无他，唯手熟尔，即所谓拳不离手、曲不离口，这需要在法学院学习期间以及工作实践中不断地练习、反思进而提高。就一般意义上的写作与沟通能力而言，不少学校已经将写作与沟通课作为本科生的必修课，希望借此提高

[①] ［德］伯恩·魏德士：《法理学》，第74页。

学生在这方面的能力。对学习民法的同学而言，笔者的建议是，首先，要把汉语语法学好，认真掌握标点符号的用法，对于不懂的字词，经常翻阅《新华字典》《现代汉语词典》，不要强不知以为知。笔者在评审学位论文时，经常发现，堂堂的硕士研究生和博士研究生，竟然连逗号、顿号、分号、句号的用法都不清楚，很多论文中常常是整个段落中除了最后一个是句号，其他全部是逗号。汉语的语法本来是在中小学就应当扎实掌握的，如果欠缺的话，就必须赶紧补上。这里推荐吕叔湘、朱德熙合著《语法修辞讲话》（商务印书馆 2013 年版）。这是一本老书，成书于 20 世纪 50 年代，修订于 70 年代末。两位作者都是当代中国著名的语法学家，全书共分六讲，分别是：语法的基本知识、词汇、虚字、结构、表达以及标点。作者在书中以深入浅出的语言，通过大量的实例普及语法修辞的常识，并指出人们日常遣词造句中的各种错误。当然，由于出版年代较早，书中的许多例子具有较为鲜明的时代色彩，但不影响这本书的价值。建议每一个希望提高汉语语法修辞的同学都可以认真读一读。

其次，多模仿、多练习。要提高书面表达即写作的能力，只能是多读多练。俗语云："熟读唐诗三百首，不会作诗也会吟"。多读文笔好、语言表达清晰明了、逻辑严密的那些好的民法文章和案例评析，看看优秀的学者是如何写文章和分析案例的，学习借鉴他们的写作方法和结构体系，然后试着自己写，多练习，自然就熟能生巧。

当然，仅仅是学生自己读，自己写，如果没有老师给予帮助，就无法形成正反馈，学生写了课堂作业交上去了，老师不批改，不指出问题所在，学生很难提高。如果老师能够对学生撰写的课程论文或案例分析报告进行批改，指出存在的问题和改进的方法，就能够形成有效的正反馈机制。比较遗憾的是，国内大学的法学院基本上没有多少老师会批改学生的作业，往往只是给一个分数了事。可能一些负责的导师会对所指导的研究生的论文提意见和修改，这对于提高学生的写作能力非常重要。

就提高口头表达能力而言，方法无他，就是应当多说，多和他人讨论，努力用清晰的语言在规定的时间内表达自己的看法，充分利用一切机会来锻炼自己的口头表达能力，包括课堂上积极发言、回答老师的问题，在读书会上发言和提问，主动作报告、参加辩论赛等，都是比较好的练习方法。《影响力》一书的作者罗伯特·西奥迪尼博士曾言："重要的东西会获得我们的关注，而我们关注的东西也会获得重要性。"一个法律人，只有真正关注书面和口头表达能力的锻炼，才会充分认识到它们的重要性！

9.2 具有批判性思维

人的思维模式可以分为两种：一种是被动接受式的思维，也被称为"海绵式思维"。这种思维的要求只是全神贯注，认真听、认真读，牢牢记住。它的缺陷在于，人们不知道哪些观点和见解是值得相信的，哪些是需要反对的。另一种是积极主动的思维，被称为"淘金式思维"，采取此种思维的读者或听众会持续不断地发问，即为什么作者是这种观点？理由是什么？这些理由能否站得住？淘金式思维中的淘金即意味着要提出批判性的问题。①这就是所谓的批判性思维，它意味着获取知识的过程不是简单的被动接受，而是互动的过程，是经过自己的评价、批评、判断等思考活动后才得出结论的。他的目标在于要批判地评价这些材料，再基于自己的评价得出属于他个人的结论。

宋儒张载说："读书先要会疑。于不疑处有疑，方是进矣。"又说："在可疑而不疑者，不曾学。学则须疑。"论文和著作都是人写的，概念和理论也是人提出的，而不是先验的，天上掉下来的。没有什么是不能质疑的，任何人都不可能掌握绝对的真理。在民法学习中应当具有批判性的思维。也就是说，无论是多么权威的、著名的学者提出的主张，也无论是来自德日，还是英美的学说，要对之提出批判性问题，包括对我们自己的主张也不例外。这会迫使我们对自己原有的想法或者一直认为是天经地义的想法进行一番仔细检查，从而避免自己走向自欺和盲从。《论语》云："子绝四：勿意、勿必、勿固、勿我。"一个人应当具有批判性思维，一个国家的立法者也应当具有批判性思维。试想，如果中国民法典的编纂就是简单地照搬照抄德日等大陆法系国家的民法典的五编制体例，而不去反思为什么侵权法就必须放在债编中？人格权为何就不能独立成编？那么，中国民法典就永远跟随在德日民法典后面，亦步亦趋，也不会有如今独特的七编制体

---

① ［美］M. 尼尔·布朗、斯图尔特·M. 基利：《走出思维的误区：批判性思维指南》，张晓辉、马昕译，世界图书出版公司 2012 年版，第 4—5 页。

例。总之，批判性思维使我们不会迷信任何人、任何学说，无论是中国的，还是外国的；它使我们时刻保有质疑的精神，永远不会让任何书籍或理论来划定我们好奇心的边界，阻碍我们思想的发展。

养成批判性思维意味着：宏观上，要认同自主、好奇、谦逊、尊重好的推理的价值观；微观上，应当努力学习形式逻辑、区分事实判断与价值判断，明了描述性论题与规范性论题的不同，辨别各种类型的推理谬误。法律人技能的基本要求就是，把逻辑和结构性思维运用到日常的法律工作，结构性思维将清晰的、逻辑上令人信服的思路与含混不清的、不明确的和有瑕疵的论述区分开来。在德国，联邦最高法院（BGH）认为，思维规则（die Denkgesetze）属于"不成文法的法律规范"，因此，思维上的瑕疵（Denkfehler）会引起复审。①

关于如何具有批判性思维有不少好书可以阅读。就笔者的阅读范围，推荐以下三本书：第一本是金岳霖先生主编的《形式逻辑》，这本书出版的年代虽早（人民出版社1979年版），但迄今为止仍然是该领域比较经典的一本教科书，反复加印。通读该书，可以获得对于概念、判断、演绎推理、归纳法、三个基本逻辑规律（同一律、矛盾律和排中律）以及论证等形式逻辑主要知识的较为清晰的了解，有利于掌握正确的逻辑方法。

第二本是英国学者L. S. 斯泰宾写的《有效思维》（商务印书

---

① ［德］托马斯·M. J. 默勒斯：《法律研习的方法：作业、考试和论文写作》，第30-31页。

馆2015年版），该书译者是著名语言学家吕叔湘先生。斯泰宾（Lizzie Susan Stebbing）是英国伦敦大学哲学教授，本书出版于20世纪30年代，作者之所以写这本书，就是有鉴于当时的英国社会不讲逻辑，甚至反对讲逻辑的状况。不过，该书并不是一本逻辑学教科书，作者是站在一个更高的角度即有效思维的角度，逐一指明了人们在进行思维时常常遇到的内在与外在的障碍与干扰。斯泰宾教授认为，如果不能排除这些障碍和干扰，就不可能做出正确的、有效的思维，无法采取正确的行动。在一个民主、自由的社会，尽管法律保障了人们的言论自由，可是如果不能去除那些有效思维的障碍，就无法进行自由的思想，并自由地做出决定。斯泰宾教授认为，妨碍我们正确思维的障碍来自两个方面：一个方面是内在的障碍，这些障碍有：先入为主、怀有成见；特殊辩护的谬误，即一个人提出的某种观点、某项原则或某个规律，将之适用于到他人身上是非常正确的，可是要适用于这个人自己就被认为是毫无道理的。如果说这个人能够提出特别的理由表明该观点、原则确实不能适用于他，还有情可原。通常却没有这种特殊理由。唯一的差别就在于我是我，你是你；使用了不能达到目的语言（不好的语言）而造成的对思维的扭曲，也就是所谓的"以辞害意"；罐头思维。另一方面是外在的障碍，这些障碍包括宣传、用比喻来讲道理、听众的困难、节制性思维、不完全的数据等。

在斯泰宾教授看来，一个民主的社会，自由的思想对有效思维具有决定意义。然而，即便不是一个民主的社会，纵然个人难以改变因为社会制度造成的思维不自由的状态，他却仍然可以改变因为自身原因而造成的这种思维的不自由。所以,我们应当养成提出疑问的习惯,我们要经常仔细检查自己的思维习惯。一个处于眼罩下的心灵不是一个自由的心灵。我们应该不厌其烦地经常对我们未加思考便接受的那些观念提出质疑。而且我们因此要为我们热烈拥护的信念找到支持它的合理证据。如果能够找到这些证据,那么我们的信念就是有据可依的,我们的热烈程度可以依然如故。"只有那些经过认真思考才得出的结论,并且认识到自己的结论与别人不一致的人,才能够容忍别人。容忍并不是冷漠,更不是无知。"

第三本书是美国学者M. 尼尔·布朗与斯图尔特·M. 基利合著的《走出思维的误区:批判性思维指南》(张晓辉、马昕译,世界图书出版公司2012年版)。在这本书中,作者分十四章对何为批判性思维以及如何培养批判性思维进行了系统的介绍。在作者看来,批判性思维需要满足以下三个要求:(1)意识到一系列彼此关联的批判性问题;(2)有适时提出和回答这些批判性问题的能力;(3)有主动运用这些批判性问题的意愿。作者还对论题的类型、论证中的词语歧义、价值观假设与描述性假设的区分以及作为证据的个人直觉、个人经验、证言、诉诸权威的可靠性究竟有多大等问题进行了介绍。最值得注意的是该书第七章列举的最常见的14种推理谬误,而这些都是我们在思考中时常容易犯下的错误,具体包括:

(1)人身攻击谬误,即不直接应对某人的理由,而是对这个人进行攻击或者侮辱。也就是俗称的"解决不了问题,就解决提出问题的人"。

(2) 滑坡谬误，即明明存在相关程序，可以阻止一系列令人不快的不可控事件，却仍然要假设某人所建议的措施一定会引发这种局面。这种谬误就是作者为了论证别人观点的错误，而做因果关系的无限延伸，最后得出"丢失了一颗铁钉，灭亡了一个国家"的推论。

(3) 寻求完美方案谬误，即错误地假设，倘若某一个方案实施后部分问题仍未解决，就不应当采取这种方案。

(4) 歧义谬误，即一个关键词句在论证中有两种或者两种以上的含义，一旦发现这个词的概念被偷换了，这个论证就不成立了。

(5) 诉诸公众谬误，即试图通过诉诸大众普遍的情绪来证明某个主张的合理性；错误地假设只要是众人支持的事情就是有好处的事情。

(6) 诉诸可疑权威谬误，即引用某个权威的意见来支持某个结论，但是该权威缺乏与论题相关的专业知识。这种谬误很常见，往往觉得引用经典作家或者某某著名哲学家的一两句话，就完成了论证，因为这些名人是这样说的，所以结论就是对的。

(7) 稻草人谬误，即歪曲对手的观点，使其变得容易引起攻击，因此，我们所供给的是一个实际上并不存在的观点。这种谬误也很常见，作者在有意无意地误读误解他人观点的基础上，树立一个靶子来批判，洋洋洒洒写了数万字，其实只是向着空气挥拳。

(8) 诉诸情绪谬误，即利用富含情绪的语言让读者和听众的注意力从相关的理由和依据上转移开，所诉诸的常见的情绪包括恐惧、希望、爱国精神、怜悯和同情等。

（9）非此即彼谬误（伪两难境地谬误），即明明存在不止两种选择，却假设只有两种选择。

（10）一厢情愿谬误，即错误地假设，由于我们希望 X 为真或者为假，那么 X 就的确为真或为假。

（11）扣帽子解释谬误，即错误地假设，因为你为某件事情或者行为扣了帽子，你就为该事件提供了充分的解释。

（12）贴金谬误，即使用模糊的、情绪化的与美德有关的词汇，诱导我们在没有仔细思考理由的情况下就赞成某件事。

（13）转移话题谬误，即提出一个不相关的话题，把人们的注意力从原有的论题上转移开，把人们的注意力从当前论证转移到另一个论题上，有助于传播者在论证中取胜。

（14）回避问题谬误，即在论证中本应当加以证明的结论却被作为推理中的一个假设。

9.3 开阔的国际视野

现代社会生产力发展和科技进步的必然结果就是经济的全球化。在经济全球化的时代，商品、技术、信息、服务、货币、人员、资金、管理经验等生产要素跨国跨地区的流动，各国各地区的经济、政治、文化和社会的联系日益紧密，开放融通成为不可阻挡的历史趋势。这也使各国的法律尤其是民商法之间发生越来越大的相互影响。此外,现代网络信息科技的发展也带来了很多人类社会需面临的共同的问题,如个人信息的保护与利用的协调、数据权属的界定与保护、人工智能的法律规制、平台经济的竞争秩序等。这些问题对于各国法学界来说,都是新问题,因此,需要各国之间开展更多的交流,相互借鉴、共同应对。

我国民法的发展当然要始终立足中国的国情和法治建设实际,扎根中国大地,但也要充分吸收、借鉴人类法治文明有益成果。无论是编纂《民法典》,还是起草或修订《公司法》《证券法》《电子商务法》《个人信息保护法》等其他法律,我国都深入分析并充分吸收借鉴了国外先进的立法经验和理论研究成果。如《民法典》中的很多规则尤其是合同、担保物权部分就大量借鉴了《联合国国际货物销售合同公约》《联合国国际合同使用电子通信公约》《联合国国际贸易应收账款转让公约》《联合国国际贸易法委员会电子商务示范法》《联合国贸易法委员会担保交易立法指南》等国际公约和示范法的规定,还吸收借鉴了《德国民法典》、《法国民法典》、《荷兰民法典》、《日本民法典》、《美国统一商法典》(UCC)、《国际商事合同通则》(PICC)、《欧洲示范民法典草案》(DCFR)、《欧洲合同法原则》、《欧洲侵权法原则》等外国立法与理论研究成果。因此,民法人必须具有开阔的国际视野,始终关注国际民法研究的前沿问题,吸收借鉴国外民事立法与司法的有益经验,具有在国际经贸交往规则的制定中掌握话语权,发出中国声音,处理各种国际民商事法律实务问题的能力。

9.4 宽广的知识基础

胡适先生说，"为什么要读书？有三点可以讲：第一，因为书是过去已经知道的智识学问和经验的一种记录，我们读书便是要接受这人类的遗产；第二，为了要读书而读书，读了书便可以多读书；第三，读书可以帮助我们解决困难，应付环境，并可获得思想材料的来源。"宋儒朱熹有诗云："问渠那得清如许？为有源头活水来。"学习法律特别是学习民法，需要很宽广的知识面和开阔的视野，因为民法所规范调整的是人们每日都在进行的生产生活等社会活动。东坡先生诗云："横看成岭侧成峰，远近高低各不同。不识庐山真面目，只缘身在此山中。"只有能够从不同的视角来观察这些活动，甚至还能跳出来观察，我们才能对社会生活，对于民法有更深刻的理解与认识。否则，只是一味地从条文到条文，从概念到概念地学习民法，学到的只是教条主义的民法知识，知其然而不知其所以然，更不知其应然。

例如，法律上经常讨论见死不救的问题。《民法典》为了鼓励见义勇为的行为，不仅在第 183 条赋予因保护他人民事权益使自己受到损害的受害人，在没有侵权人、侵权人逃逸或者无力承担民事责任时，请求受益人给予适当补偿的权利，还专门于第 184 条规定："因自愿实施紧急救助行为造成受助人损害的，救助人不承担民事责任。"这一条法律规定在英美法国家被称为"好撒玛利亚人法"。人们常常将那些见义勇为、助人为乐的人归类为具有内在的良好道德品质的人，而认为那些对他人陷入危难视若无睹的人属于道德败坏的人。然而，如果我们读过一些社会心理学书籍，比如美国学者库尔特·P. 弗雷与英国学者艾登·P. 格雷格的《人性实验：改变社会心理学的28项研究》后就会知道，其实，影响一个人是否救助他人的因素很多。行为是人和环境的函数。① 很多时候，特定的情境变量（这是旁观者可能无法理解的）对行为者有重大的影响，而个性特征或人格差异（在人们看来起决定作用的因素）却经常被证明产生的影响是微不足道的。比如，一个不太匆忙的人可能会停下来帮助一个处于危难中的人；一个很匆忙的人可能会直接走过。看似微不足道的情境变化通常比人格变量对行为有更大的影响，但是我们经常错误地认为人格变量的影响更大。有时候像时间压力这样简单的因素就能影响同情这样重要的行为。所以，这时候，我们可能就会更好地反思一下，人们究竟是因为害怕承担责任而不救助他人，抑或仅仅是因为特定的情境变量，如赶时间去参加面试等。

因此，民法人应当抽空多读一些社会学、经济学、心理学、政治学、历史学等方面的好书。无论是自然科学还是社会科学，之所以被分为众多的、不同的学科，都是人们的认识和学习能力有限所致。术业有专攻，一个人不容易既把民法学好，也把宪

---

① 这就是所谓的勒温公式：$B=f(P, E)$，其中，B是指行为（Behavior），f指函数（function），P指人（person），E指环境（environment），即行为是人和环境的函数。参见［美］库尔特·P. 弗雷、［英］艾登·P. 格雷格：《人性实验：改变社会心理学的28项研究》，白学军等译，中国人民大学出版社2021年版，第91页。

法、刑法、行政法等其他法律部门也学好，甚至超出法律之外，牢牢掌握社会学、心理学、经济学等领域的知识。但是，这不妨碍我们以民法的学习为主线，来不断构建更宽广的知识基础。谢怀栻先生曾言："学习民法上的某一个问题，要了解这个问题是一个什么样的来历，它的来龙去脉，这时候就去读法制史的书，补充法制史的基础；如果要了解这种制度是如何形成的，有没有经济方面的原因，这时候需要再去找经济方面的书读一读；研究某一个制度，这个制度形成后在社会上又有什么样的影响呢？这个时候去找法社会学方面的书读一读。它就是这样的，当你把法史学、法经济学、法社会学的东西都读了，结合起来考虑问题，这个时候你自然就又高了一个层次了，所以我觉得高与博是相互交叉的。"总的来说，应当养成多读书、读好书的习惯。

在读书的时候，应当努力做到以下四个结合。

一是，学与思结合。子曰：学而不思则罔，思而不学则殆。读书要虚心涵泳，切己体察。只是一味地学，不思考，自己的大脑成为他人思想的跑马场，甚至是垃圾场。德国哲学家叔本华说："想一个自己从未深入思考的问题是危险的，我们读书是别人替我们思考，我们不过是在重复作者的精神过程而已。所以一个人如果整日读书，他将逐渐失去思考能力。"他认为，读书而不加思考，绝不会有心得，即使稍有印象，也浅薄而不生根，大抵在不久后又会淡忘丧失。况且被记录在纸上的思想，不过是像在沙上行走者的足迹而已。但是，如果只是琢磨，只是想，而不学，不读书，则不仅会困惑，还会陷入精神错乱。

二是，博与精结合。通过阅读、思考，使自己成为一个既能博大,又能精深的人。胡适说,理想的学者既能博大,又能精深。精深的方面,是他的专门学问,而博大的方面,是他的旁搜博览。博大要几乎无所不知,而精深要几乎为他独尊,无人能及。胡适先生说的是一个人的知识结构,要博与精相互结合。所谓为学要如金字塔,要能广大要能高。精还意味着有些书要精读,反复地读,深入地思考;有些书是泛读,增加知识面。对于民法学中的经典著作,可以按照曾国藩教导他弟弟读经的方法,使用一个耐字诀。在道光二十三年正月十七日写给弟弟的信中,曾国藩说:"穷经必专一经,不可泛骛。""读经有一耐字诀:一句不通,不看下句;今日不通,明日再读;今年不精,明年再读,此所谓耐也。"这是慢的工夫,对于各个学科的经典名著,必须用此耐字诀,不能贪多求快。

三是,规划与兴趣结合。读书既要结合兴趣,但也要有一定的规划,不能率性而行。要有一个整体的安排,而最好的办法是以问题为中心,来系统地、有体系地读书。比如,要解决工作中的一个问题,则可以系统地读一些书,通过研究带动读书。

四是,宽松与紧张结合。读书既要有整块的时间,也要善于利用零散的时间,例如,出差的时候,可以在包里放上一两本书,在飞机上、火车上都可以看。再如,等车时可以拿出书来看,走路或坐地铁时也可以用耳机来听书。总之,读书须如朱熹先生所言宽着期限,紧着课程,做到宽松与紧张的有机统一。

至于读书的具体方法有很多,国内外学者都有论述。英国哲学家培根在《论读书》中说："书有可浅尝者，有可吞食者，少数则须咀嚼消化。换言之，有只须读其部分者，有只须大体涉猎者，少数则须全读，读时须全神贯注，孜孜不倦。书亦可请人代读，取其所作摘要，但只限题材较次或价值不高者，否则书经提炼犹如水经蒸馏，淡而无味矣。"宋儒朱熹的《朱子读书法》也提出了循序渐进、熟读精思、虚心涵泳、切己体察、着紧用力、居敬持志等六条读书方法，非常符合读书学习的规律，为后世许多学人所遵循。

笔者认为，特别值得推荐的关于如何读书的书，是美国著名学者莫提默·J.艾德勒与查尔斯·范多伦合著的《如何阅读一本书》（商务印书馆2004年版）。作者认为，阅读可以分为四个层次，分别是基础阅读、检视阅读、分析阅读与主题阅读，不同层次的阅读有不同的目的和方法，主题阅读则是阅读的最终目标。此外，该书还就读者所阅读的不同类型的读物，如文学书、历史书、科学书、哲学书和社会科学书等提出了不同的阅读方法。所谓工欲善其事，必先利其器，这本《如何阅读一本书》就是帮助读书的"利器"，值得每一个喜爱读书的人认真阅读！

9.5 推荐阅读材料

社会学、心理学、经济学、政治学等方面的好书很多，不可能都读完，就笔者所读过的这些专业的书籍中，列出以下四本值得推荐的入门型著作。

1. ［美］约翰·J. 麦休尼斯：《社会学经典入门》（第 14 版），风笑天等译，中国人民大学出版社 2019 年版

这是我读过的写的最精彩有趣，也最适合作为社会学入门必读书的一本著作，中译本翻译得非常好，特别值得推荐！

2. ［美］库尔特·P. 弗雷、［英］艾登·P. 格雷格：《人性实验：改变社会心理学的 28 项研究》，白学军等译，中国人民大学出版社 2021 年版

要学习法律，先了解人性。本书是深入了解人性的最好的一本书，写的非常生动有趣，强烈推荐！

3. ［美］托马斯·索维尔：《经济学的思维方式》，吴建新译，四川人民出版社 2018 年版

著名经济学家索维尔撰写的一本给外行人看的书，作者用最贴近日常生活的语言和案例向我们解释了经济运行的规律，同时又使读者在无形中了解何为经济学的思维方式。

4. ［英］安德鲁·海伍德：《政治的常识》（第三版），李智译，中国人民大学出版社 2014 年版

作者用简明清晰、通俗易懂的语言介绍了政治学中最基本的概念与知识，如人性、个人与社会，政治、政府与国家，权力、权威与合法性，法律、秩序与正义等。其中很多内容都与法学密切相关，但又从不同的视角观察。

后　记

本书写作的后期，正值新冠肺炎疫情在北京越来越严重的时段。五一劳动节后，清华大学即逐步采取了越来越严格的校园管控措施，自5月14日开始，学生不进不出，教职工除保供人员和住校干部外，其余全部居家办公、不得到校。笔者于2022年5月14日入住办公室，参与防疫工作，至写下这篇后记，共计住校18天。在住校的这段时间里，笔者除完成学校布置的各项防疫任务外，还要参加线上会议、论文答辩、开题以及处理行政工作，只能利用空闲时间，断断续续写作本书。本书也因此成为对这段特殊时期的一种纪念！

在本书的写作过程中，笔者得到不少朋友与同学的帮助和鼓励。北京大学法学院常鹏翱教授、中国法学杂志社任彦副编审阅读了全部书稿并提出了宝贵的意见；中国政法大学吴香香副教授阅读了第六讲"怎样分析民法案例"的初稿并提出了宝贵的意见；第八讲"民法论文的写作"中的部分内容是在与中国人民大学法学院副教授熊丙万师弟深入讨论的基础上完善的。对他们给予的帮助，笔者表示由衷的感谢！

后 记

我的博士后、清华大学法学院助理研究员王苑博士，中国人民大学法学院讲师阮神裕博士，清华大学法学院博士研究生沈明焱、罗素云、曾俊刚、杨嘉祺、李勇德、孙鸿亮、李定坤，硕士研究生张彦堃、高珂、杨馥坤、张毅铖、蔡联菲等同学通读了全部初稿，逐一校对了错别字，并提出了不少很好的建议。在此一并表示衷心的感谢！

中国人民大学出版社法律分社郭虹社长、各位编辑为本书的出版付出了巨大的辛劳，令我感动！

子曰："多闻阙疑，慎言其余，则寡尤；多见阙殆，慎行其余，则寡悔。"本书乃笔者一孔之见，因学识有限，书中谬误缺漏之处定然不少，尚祈读者不吝赐教！

对本书的任何意见和建议，请发送邮件至：mfxxff@126.com

程啸

2022年5月31日于清华园

图书在版编目（CIP）数据

民法学习方法九讲/程啸著．--北京：中国人民大学出版社，2022.8
（法学学习方法丛书）
ISBN 978-7-300-30846-3

Ⅰ.①民… Ⅱ.①程… Ⅲ.①民法-中国-高等学校-教学参考资料 Ⅳ.①D923

中国版本图书馆 CIP 数据核字（2022）第 130524 号

法学学习方法丛书
民法学习方法九讲
程 啸 著
Minfa Xuexi Fangfa Jiu Jiang

出版发行	中国人民大学出版社			
社　　址	北京中关村大街 31 号	邮政编码	100080	
电　　话	010-62511242（总编室）	010-62511770（质管部）		
	010-82501766（邮购部）	010-62514148（门市部）		
	010-62515195（发行公司）	010-62515275（盗版举报）		
网　　址	http://www.crup.com.cn			
经　　销	新华书店			
印　　刷	北京联兴盛业印刷股份有限公司			
规　　格	148 mm×210 mm　32 开本	版　次	2022 年 8 月第 1 版	
印　　张	9.75 插页 3	印　次	2022 年 9 月第 3 次印刷	
字　　数	202 000	定　价	58.00 元	

版权所有　侵权必究　　印装差错　负责调换